W0244071

Einfach besser kochen

Mit einem Vorwort von FRAU DR. RER. NAT. RITA HEIN
Rezept-Fotografie MICHAEL BRAUNER
Rezeptentwicklung, Foodstyling GUIDO GRAVELIUS

www.gefro.de

Liebe Leserin, lieber Leser,

gutes Essen und eine ausgewogene, gesunde Ernährung hat bei uns im schönen Allgäu eine lange Tradition.

Seit 1924 fertigt unser Familienunternehmen, inzwischen in 3. Generation, in traditionell, handwerklichen Verfahren, leckere, gesunde Lebensmittel in höchster Qualität.
In Millionen Küchen haben die guten GEFRO-Produkte längst einen Stammplatz bekommen.

Wir kochen gern und probieren viel aus. Guido Gravelius, Koch, Food-Stylist und Rezeptentwickler aus Leidenschaft, hilft uns dabei. So sind im Laufe der Zeit hunderte, leckere Rezepte entstanden.

Frau Dr. Rita Hein, seit vielen Jahren ernährungswissenschaftliche Begleiterin unseres Familienunternehmens, hat die Highlights aus diesem kulinarischen Fundus ausgewählt.

Jedes einzelne, der 104 ausgewählten Gerichte, ist mehrfach küchenerprobt, besonders lecker und, in den meisten Fällen, ohne großen Aufwand, nachkochbar.

Michael Brauner, Foodfotograf der ersten Stunde, fotografierte in seinem Studio, mit seinem Team, diesen puren Genuss.

Ich wünsche Ihnen mit dem ersten GEFRO Kochbuch viele schöne Kochmomente, gutes Gelingen und Ihnen und Ihren Gästen einen guten Appetit und viel Spaß beim Genießen.

Alles Gute aus dem Allgäu!

Ihr Thilo Frommlet
Inhaber, GEFRO Reformversand

www.gefro.de

Mein Dank gilt allen Beteiligten, die an der Produktion dieses fantastischen Kochbuchs mitgewirkt haben.

Inhalt

Vorwort von Dr. rer. nat. Rita Hein

Einfach besser kochen?

Noch ein Kochbuch? Es gibt doch schon so viele: Leichte Küche, Grillkochbücher, fettarmes Kochen, Wokrezepte, feine Salate, Kochen für Gäste.
Die Bücherregale sind voll und nur wenige nutzen die Bücher wirklich. Gleichzeitig stellt sich aber täglich die gleiche Frage: „Was koche ich heute?"

Die in diesem Buch zusammengestellte Sammlung von Rezepten sind Highlights aus dem GEFRO Rezeptfundus. Jedes einzelne Gericht ist mehrfach küchenerprobt, lecker und, in den meisten Fällen, ohne großen Aufwand, nachkochbar.

Alle Rezepte sind als Basis oder auch als Stütze zu verstehen, die dem Koch eine gewisse Sicherheit geben soll. Das heißt, niemand muss sich streng an Zutaten und Mengenangaben halten. Manchmal verlangt schon die eigene Stimmung nach etwas mehr Würze oder Schärfe als im Rezept vorgeschlagen. Oder es fehlen Zutaten, so dass Improvisation gefragt ist. Ob das Gemüse in Salz oder Kräuterwürze gegart wird, der Salat mit Olivenöl oder Omega-3-Öl verfeinert wird, die Nudeln al dente oder eher weich serviert werden, richtet sich immer nach den individuellen Geschmacksvorlieben.

Foto: thinkstock | k&p

Einfach, lecker, gut – das ideale Gericht

Einfach, lecker, gut – so stelle ich mir das ideale Gericht, den idealen Mahlzeitenplan vor: Einfach in der Zubereitung, lecker im Geschmack und gut für das körperliche Wohlbefinden.

Täglich werde ich in meiner Praxis mit Erkrankungen, die ernährungsbedingt sind, konfrontiert – wie zum Beispiel Diabetes, Fettstoffwechselstörungen, Bluthochdruck, Gicht oder Fettleibigkeit.

Ich wünsche mir, dass diese Menschen zu einem gesunden ausgewogenen Essen ohne Reue zurückfinden. Wenn wir wieder lernen, auf unsere körperlichen Signale zu hören, entwickelt sich eine ganz neue, unkomplizierte Essgewohnheit: Wir werden genau das essen, was schmeckt und der Körper braucht, nicht zu viel und nicht zu wenig. Verbote oder lästiges Kalorienzählen erübrigen sich ganz von alleine.

Zur Autorin

Rita Hein, Dr. rer. nat., ist selbstständige Heilpraktikerin und Ernährungsberaterin. Sie promovierte im Fach Naturstoffchemie und studierte an der Sebastian Kneipp Akademie Gesundheitspädagogik, Studienschwerpunkt Ernährung. 2006 absolvierte sie die Heilpraktiker-Prüfung. Frau Dr. Hein führt Einzelberatungen durch, leitet Seminare und hält Vorträge rund um das Thema Ernährung. Auch bei Schulkindern versucht sie regelmäßig das Bewusstsein für eine gesunde Ernährung zu "schärfen".

Seit vielen Jahren ist die Ernährungswissenschaftlerin für GEFRO beratend tätig. GEFRO-Kunden bietet sie individuelle Beratung zu Themen wie z.B. Diabetes, Essstörungen, Übergewicht, allergische Erkrankungen und, und, und …

Vielleicht kann eine kurze Zusammenfassung über das Stoffwechselgeschehen in unserem Körper, Impulse geben, das eigene Essverhalten zu überdenken und gegebenenfalls auch zu ändern.

Alles, was mit der Nahrung aufgenommen wird, muss zerkleinert, verarbeitet und verdaut werden.
Die einzelnen Stoffe werden umgewandelt oder umgebaut, in nützlich oder unbrauchbar unterschieden. Die für den Organismus wertvollen Bausteine werden zu jeder Zelle des Körpers transportiert, während das Unbrauchbare ausgeschieden wird. Dabei wird Energie produziert, und auch Energie verbraucht.

Der gesamte Stoffwechsel lässt sich in einzelne Teilbereiche aufspalten. So kennen wir z.B. den Fettstoffwechsel, den Zuckerstoffwechsel oder auch den Mineralstoffwechsel. Ist ein Teilbereich gestört, kommt es zur Erkrankung. Ist der Zuckerstoffwechsel gestört, erkrankt der Mensch beispielsweise an Diabetes.

Der gesamte Stoffwechselmechanismus ist ungeheuer komplex, und dabei ist es nur verständlich, dass es viele Angriffspunkte gibt, die den Stoffwechsel aus dem Takt bringen.

Die Voraussetzungen für einen gut funktionierenden Stoffwechsel schaffen wir selbst. Wir liefern unserem Körper das Material. Bieten wir dem Körper zu wenig oder auch zu viel an bestimmten Dingen an, können die einzelnen Kreisläufe aus dem Gleichgewicht geraten.

Und damit sind nicht die Nahrungsmittel für den reinen physischen Körper gemeint sondern auch die, die unsere Seele nähren.

Es gibt ein einfaches Rezept,
sich rundum richtig wohl zu fühlen:

1. Gute, ausgewogene Ernährung
2. Viel Bewegung, am besten an der frischen Luft
3. Ausreichend Schlaf

Fotos: privat, thinkstock | k&p

Kinder lernen durch Erfahrung. Nichts ist überzeugender und wirkt nachhaltiger als das Vorbild der Eltern. Familienausflüge, die gemeinsame Mahlzeit am Familientisch schaffen die Grundlage für ein entspanntes Miteinander.

Gute und schlechte Futterverwerter

Wie oft höre ich in der Beratung: „Mein Mann, der kann essen so viel er will, Kuchen, Süßigkeiten ohne Ende und der nimmt nicht zu! Und ich, ich brauche das Stück Torte nur anschauen, dann geht es ohne Umwege direkt auf die Hüften!" Wäre es nicht ein Traum, wenn man alles essen könnte und trotzdem schlank bleibt. Warum darf der eine schlemmen und ohne Reue sündigen und der andere muss ein Leben lang aufpassen, damit das Gewicht einigermaßen stabil bleibt?

Die Antwort liegt in unserem Stoffwechsel. Jeder Mensch ist anders, nicht nur in der Größe und dem Aussehen, sondern auch bei der Ausnutzung der Nahrung. Es gibt sie tatsächlich, die guten und die schlechten Futterverwerter. Es kann durchaus sein, dass ein offensichtlich übergewichtiger Mensch deutlich weniger isst, als der schlanke Freund. Welcher Stoffwechseltyp wir letztlich sind, ist schon in der Erbsubstanz festgelegt, wobei man jetzt nicht den Schluss ziehen sollte, dass das Gewicht grundsätzlich nur erblich bedingt ist. Eine genetische Disposition ist gegeben. Desweiteren gibt es aber ein ganzes Bündel an Ursachen, angefangen von Überernährung, Fehlernährung bis hin zur Bewegungsarmut und psychischen Problemen.

Nimmt jemand schnell und leicht zu, spricht man von einem guten Futterverwerter. Der Körper nutzt jeden Bissen, der aufgenommen wird, optimal aus und speichert ein Zuviel als Fettreserve für schlechte Zeiten. Dadurch ist er gegenüber dem schlechten Futterverwerter im Vorteil, denn dieser hat in Notzeiten keine Reserven, auf die er zurückgreifen könnte.

Der Stoffwechsel auf Sparflamme

Viele Menschen werden, durch radikale Diäten und Hungerkuren, zum guten Futterverwerter. Hungern bedeutet für den Körper eine Krise und Notzeit, die er bewältigen muss. In diesen Zeiten optimiert der Körper die Verwertung der ihm zugeführten Nahrung, in dem er den Grundumsatz senkt. Hier droht dann der gefürchtete Jo-Jo-Effekt. Erst schmelzen die Pölsterchen, aber nach einiger Zeit sind Sie dann dicker als vorher.

Innerhalb kürzester Zeit stellt sich unser Körper auf die reduzierte Kalorienzahl ein. Er kommt jetzt mit viel weniger Energie aus als vorher. Die Reserven an Bauch und Hüfte müssen schließlich lange halten. Wer weiß denn, wie lange die Notzeit anhalten wird. Unseren Vorfahren hat diese Strategie oft das Leben gerettet.

Umgekehrt braucht der Körper nach der Fastenzeit sehr viel länger, sich wieder an eine normale Kalorienzufuhr zu gewöhnen. Und genau in dieser Übergangszeit wird der Grundstein zum Zunehmen gelegt. Wir essen nach der Entbehrungszeit normal, vielleicht auch ein wenig mehr, der Stoffwechsel arbeitet jedoch noch Wochen auf Sparflamme. Die Folge: wir bekommen unser Fett mit Zinsen zurück.

Zu einer Verlangsamung des Stoffwechsels kommt es auch, wenn der Körper in Notzeiten nicht seine Fett- sondern seine Eiweißreserven angreift, das heißt Muskulatur abbaut. Muskeln verbrennen ständig Fett, sie sind sehr stoffwechselaktiv im Gegensatz zum Fettgewebe. Mit abnehmender Muskelmasse sinkt der Grundumsatz. Doch was können wir tun, um unseren Stoffwechsel wieder auf Touren zu bringen?

Das Zauberwort heißt: Bewegung

Jede noch so einfache Bewegung, sei es die Treppe, das Ballspielen mit den Kindern oder Enkelkindern, der Spaziergang in der Natur oder auch der Besuch im Sportstudio, verbrennt zusätzliche Energie. Je mehr Muskeln wir aufbauen und stärken, desto größer wird die Fähigkeit unseres Körpers, Kalorien und Fett zu verbrennen.

Ein regelmäßiges Frühstück geht offenbar insgesamt mit einem gesünderen Lebensstil einher. Der Körper braucht morgens, nach der nächtlichen Regenerationsphase, genügend Energie, um leistungsbereit in den Tag zu starten. Wer auf ein Frühstück verzichtet, quält sich unnötigerweise den ganzen Vormittag mit einem leichten Hungergefühl herum und der Stoffwechsel verlangsamt sich erheblich, wenn auf das Frühstück verzichtet wird.

Foto: thinkstock | k&p

Wasser – lebenswichtiges Elixier

Das Lieblingsgetränk eines jeden sollte Wasser sein, ein reines Quellwasser, stilles Wasser oder auch ein spritziges Mineralwasser. Mehr als die Hälfte unseres Körpers besteht aus Wasser, kein Wunder also, dass unser Körper so sehr auf das frische Nass angewiesen ist. Nur mit Hilfe von Wasser können unsere Zellen ihre Aufgaben wirklich gut erfüllen. Wasser sorgt dafür, Nährstoffe effektiv aufzunehmen und zu verwerten, sowie unsere Nieren von Abfallstoffen zu befreien. Trinken wir genügend, arbeiten die Organe besser, das Blut wird verdünnt und damit die Fließeigenschaft verbessert. Die Verdauung reguliert sich. Trinkwasser regt, auf ganz natürliche Weise, den Stoffwechsel an und unterdrückt so manches Hungergefühl. Man kann das Wasser auch mal mit etwas Ingwer aromatisieren. Ingwer wirkt verdauungsfördernd und regt den Stoffwechsel zusätzlich an.

Essen wir noch artgerecht?

Bis vor ca. 7000 Jahren – das sind 99% der gesamten menschlichen Entwicklungsgeschichte – zogen unsere Vorfahren noch als Jäger und Sammler durch die Natur, um sich die tägliche Nahrung zu besorgen. Die Kost war eiweiß- und fettreich, aber eher arm an Kohlenhydraten. Und die Mahlzeiten gab es auch nur in Verbindung mit großer körperlicher Anstrengung, denn sie legten täglich gut und gerne 20 bis 30 km zurück. Wer satt werden wollte, brauchte Ausdauer und Kraft.

Das menschliche Genom hat sich seither nicht verändert, radikal dagegen die Lebensumstände: die Menschen wurden sesshaft. Die Jäger und Sammler wurden zu Ackerbauern, die Getreide anbauten. Eine kohlenhydratreiche Kost löste die eiweißbetonte Kost ab. Die ökonomischen Vorteile liegen auf der Hand.

Die Menschen konnten große Nahrungsmittelmengen selber produzieren und auch lagern. Das befreite sie von dem Druck, auf der Jagd erfolgreich sein zu müssen, um zu überleben. Diese Dysbalance wird heute für Übergewicht, Fettstoffwechselstörungen, Diabetes und Bluthochdruck verantwortlich gemacht. Treten alle Faktoren gleichzeitig auf, sprechen die Mediziner kurz vom metabolischen Syndrom. Eine ganze Reihe von Stoffwechselregelkreisen gerät aus den Fugen. Mit den gleichen genetischen Anlagen wie unsere Vorfahren sitzen die Jäger und Sammler von einst heute 6 bis 8 Stunden täglich an Schreibtischen, haben Nahrungsmittel im Überfluss und verbringen ihren Feierabend auf dem Sofa vor dem Fernseher.

Insulin – ein Schlüsselhormon

Insulin, ein Stoffwechselhormon der Bauchspeicheldrüse vorsorgt die Körperzellen mit Kohlenhydraten, Eiweiß und Fett, dabei sinkt der Blutzuckerspiegel wieder auf seinen Ausgangswert ab. Ohne Insulin würden die Zellen verhungern, denn ohne den Insulinschlüssel könnten die Zelltüren nicht geöffnet werden.

Jede Zelle hat einen Rezeptor, quasi ein Schlüsselloch in das „der Schlüssel" Insulin passen muss. Durch Übergewicht, zuviel Bauchfett und Fehlernährung werden die Rezeptoren der Zelle geschädigt, das Insulin passt nicht mehr ins Schlüsselloch. Die Zellen haben ihre Eingangstüren verschlossen. In Fachkreisen spricht man von einer Insulinresistenz.
Die Körperzellen sprechen nicht mehr richtig auf das vorhandene Insulin an. Es kommt zu einem Verwertungsrückstau. Die Bauchspeicheldrüse versucht den Fehler zu beheben, in dem sie noch mehr Insulin produziert. Hohe Insulinmengen drücken den Zucker noch in die Muskelzellen hinein und was nicht mehr hineingeht wird gemeinsam mit dem Nahrungsfett ins Fettgewebe entsorgt. Das Insulin mästet das Fettgewebe, das Gewicht steigt und steigt und steigt.

Wenn die Bauchspeicheldrüse die Insulinresistenz nicht mehr kompensieren kann, kommt es letztlich zum Diabetes.

Fette und Eiweiß in der Nahrung haben auf die Insulinausschüttung kaum einen Einfluss. Der Anstieg des Blutzuckerspiegels und damit auch die Freisetzung des Insulins sind immer eine Reaktion auf Menge und Art der aufgenommenen Kohlenhydrate. Kohlenhydrate sind fast ausschließlich in pflanzlichen Lebensmitteln enthalten.

Wasser ist Lebenselixier.
Unser gesamter Stoffwechsel, das Funktionieren aller Organe hängt unmittelbar vom Wasser ab. Mindestens 2 bis 2,5 l Wasser sollte ein Erwachsener täglich trinken.

Foto: thinkstock | k&p

Das tut gut:
Den Alltag vergessen, entspannen, zur Ruhe kommen und Körper und Seele in Einklang bringen.

Foto: thinkstock | k&p

Man unterscheidet kurz- und langkettige Kohlenhydrate. Dabei sind einzelne Zuckerbausteine wie Perlen auf eine Schnur gereiht. Der Verdauungsapparat muss diese Perlenkette aufspalten, damit die einzelnen Zuckerbausteine ins Blut aufgenommen werden können.

Wenn wir einen Bissen Brot sehr lange und intensiv kauen, wird der Bissen zunehmend süßer. Im Speichel vorhandene Enzyme sorgen bereits beim Kauen für eine Zerlegung der Kohlenhydrate in ihre Einzelbausteine. Und die Bauchspeicheldrüse arbeitet zu diesem Zeitpunkt schon auf Hochtouren, um genügend Insulin freizusetzen.

Stark verarbeitete Kohlenhydrate (Zucker, Weißmehlprodukte) provozieren heftige Insulinausschüttungen, um den Zucker schnell wieder aus dem Blut zu entfernen. Dabei schießt die Bauchspeicheldrüse oftmals über das Ziel hinaus und setzt zu viel Insulin frei. Daher ist kurz nach dem Zuckerschock plötzlich der Zuckerspiegel des Blutes sogar zu niedrig. Und das ist der Grund dafür, dass wir uns nach dem Nachtisch, Eis oder Kuchen oft so schlapp fühlen. Wir sollten dann nicht den Fehler machen, gleich wieder Süßes zu verschlingen, denn sonst beginnt das Spiel von neuem.

Ruhepausen stärken den Organismus

Wer die Wirkung des Insulins auf den Stoffwechsel verstanden hat, ahnt vielleicht schon welche Konsequenzen dieses Wissen auf unsere tägliche Ernährung hat.

Die aktuellen, kohlenhydratbetonten Ernährungsgewohnten zwingen die Bauchspeicheldrüse zur erhöhten Insulinproduktion. Dazu kommt, dass die meisten Menschen gerne zu Zwischenmahlzeiten greifen: hier ein Stückchen Brot, die Schale mit Gummibärchen auf dem Schreibtisch, aber auch der Apfel am Nachmittag oder das Gläschen Saft – die Bauchspeicheldrüse arbeitet auf Hochtouren. Wie schon eingangs beschrieben: Insulin öffnet unsere Zellen für die Aufnahme von Nährstoffen, das heißt es wirkt letztlich aufbauend auch aufs Fettgewebe. Solange Insulin in unserem Blutkreislauf zirkuliert, kommen wir in keinen Fettabbau, Insulin hält die Türen für den Einbau einladend offen.

Wichtig ist es, regelmäßige Mahlzeiten zu sich zu nehmen. Mahlzeiten auszulassen, hat nur den Effekt, dass irgendwann der unkontrollierte Hunger kommt, und man dann in der Regel mehr isst als gewollt.

Zwischen den Mahlzeiten sollte eine Pause liegen. Am besten wird auch das Obst zu den Mahlzeiten gegessen. Die Vermeidung von Zwischenmahlzeiten bewirkt eine Senkung des Blutzucker- und Insulinspiegels. Erst jetzt ist die Fettverbrennung aktiv. Etwa drei bis vier Stunden benötigt der Körper, bis er eine Mahlzeit verdaut hat und der Insulinspiegel wirklich abgesunken ist. In den Stunden danach lebt er dann von seinen Reserven. Das bedeutet: nur wenn wir zwischen den Mahlzeiten mehr als drei bis vier Stunden nichts essen, hat der Körper überhaupt eine Chance, Fettpölsterchen abzubauen.

Wenn viel Gewicht reduziert werden muss, gelingt das am besten, wenn man abends auf die Kohlenhydrate weitgehend verzichtet. Also möglichst kein oder nur wenig Brot isst. Durch diese Kost, bleibt der Insulinspiegel niedrig, so dass der Stoffwechsel in der Nacht an die Fettreserven gehen kann. Ein wunderbarer Nebeneffekt dieser „Drei-Mahlzeiten-Strategie“ ist das plötzlich Hunger und Sättigung wieder ganz bewusst wahrgenommen werden. Und falls das Hungergefühl mal zu schnell kommt, auch ein Glas Wasser oder ein ungesüßter Tee können Körper und Seele wunderbar beruhigen.

Viele Leser werden jetzt denken: „Nie wieder einen Eisbecher oder ein Stückchen Kuchen zum Kaffee?“ Nein so ist es nicht. Nur muss es wirklich jeden Tag ein Stück Kuchen sein? Wer sich 4-5 Tage in der Woche an die Regeln hält, darf sich dann auch mal die Zwischenmahlzeit oder das Gläschen Wein oder Bier am Abend gönnen. Und wenn der Süßhunger mal gar zu groß ist, genießen Sie doch einfach ein paar Stückchen Schokolade als Nachspeise und gönnen Sie dem Stoffwechsel anschließend wieder ein paar Stunden Pause.

Alles zu seiner Zeit und alles im rechten Maß. Wer diese Regel beherzigt, darf alles essen und trinken. Und darum ist unser Kochbuch – Einfach besser kochen – eine Rezeptsammlung für Jedermann.

Viel Freude beim Ausprobieren und guten Appetit

■

Frisch durchs Jahr

Die Rückkehr zur Jahreszeit

Welches Obst und welches Gemüse hat gerade Saison? Der GEFRO-Saisonkalender zeigt, wann welche Obst- und Gemüsesorten am besten in den Einkaufskorb wandern.

Bestimmte Lebensmittel sind mit Jahreszeiten verknüpft: Die süße saftige Erdbeere frisch vom Feld kündigt den Sommer an während das frisch zubereitete Rotkraut eine wunderbare Gemüsebeilage zur festlichen Weihnachtsgans ist. Obwohl in der heutigen Zeit fast alles das ganze Jahr verfügbar ist, sollten wir uns rückbesinnen auf heimische Lebensmittel.

Entdecken Sie mit Hilfe des Kalenders die Vielfalt heimischer Obst- und Gemüsesorten im Wechsel der Jahreszeiten neu und genießen Sie die Qualität und Echtheit dieser Lebensmittel. Die Hektik des Alltags wird heute mehr und mehr zum Feind des guten Essens. Nehmen Sie sich doch einmal wieder die Zeit Rezepte zu studieren, auf dem Markt frische Zutaten einzukaufen, um anschließend ein köstliches Mahl zu kreieren.

Fotos: thinkstock | k&p

Obst aus Deutschland

Gemüse aus Deutschland ▶

Gemüse aus Deutschland

Blumenkohl Brokkoli Chinakohl Feldsalat Gurken Kartoffeln Kohlrabi Kürbis Karotten Lauch Paprika

Rettich Rhabarber Rotkohl Salat Schwarzwurzel Sellerie Spargel Tomaten Weißkohl Zucchini Zwiebeln

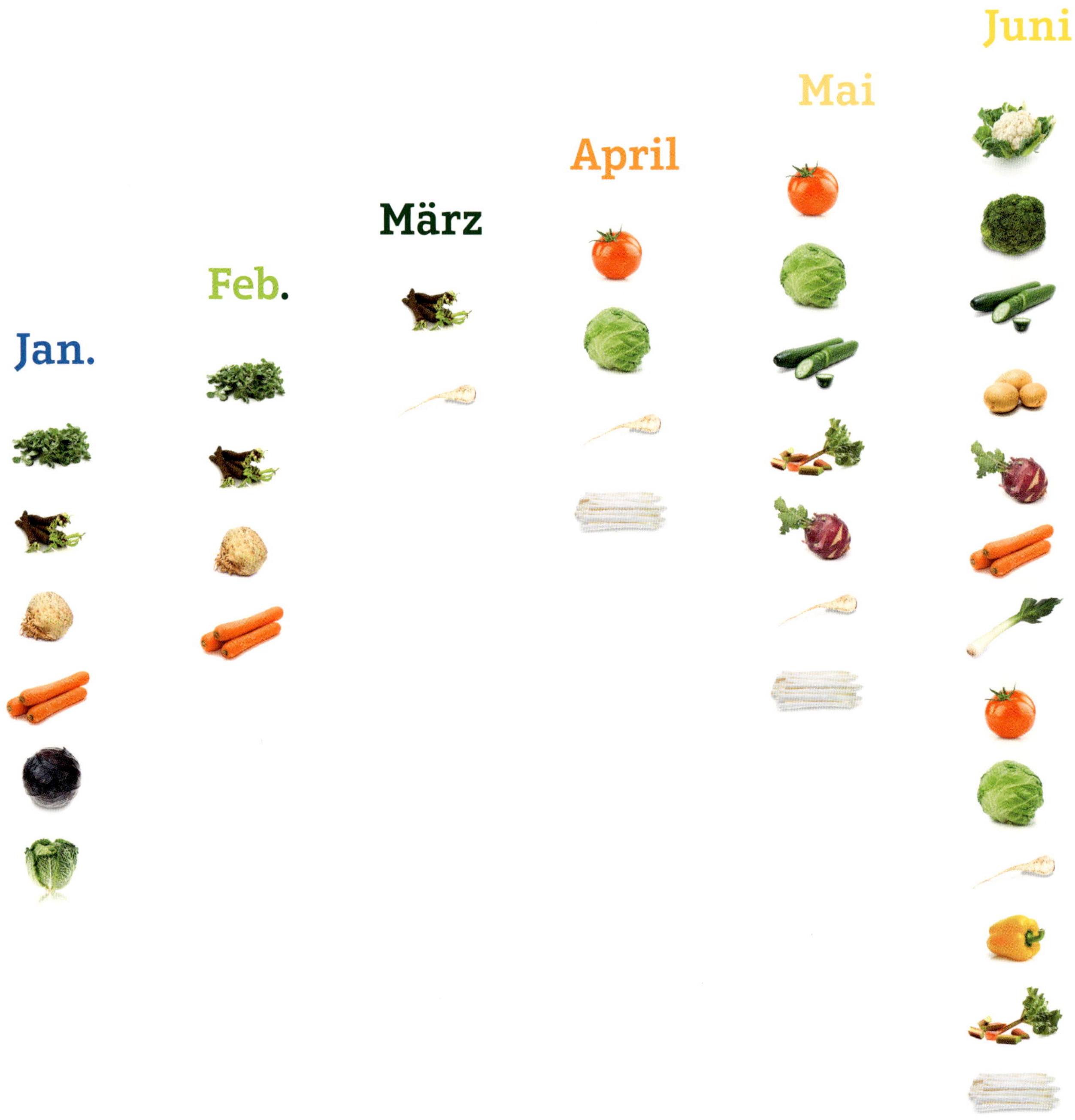

Fotos: thinkstock | k&p

Juli
Aug.
Sep.
Okt.
Nov.
Dez.

Vorspeisen und Salate

Die Vorspeise stellt den Auftakt eines Menüs dar, sie soll den Appetit anregen und Lust auf mehr machen. Schenken Sie diesen kleinen Köstlichkeiten also besondere Aufmerksamkeit. Ideal für den leichten Genuss vorab sind vielfältig zubereitete knackig-frische Salate, verfeinert mit raffinierten Dressings. Sie lassen sich gut vorbereiten und schmecken jedem. Übrigens auch als kleines, eigenständiges Gericht…

Mit edlen Fisch- und Meeresfrüchte-Vorspeisen bringen Sie kreative Abwechslung auf den Tisch.

Möhren-Traubensalat mit Fetakäse

Möhren-Traubensalat mit Fetakäse

Zutaten für **4 Portionen**
Zubereitung ca. **25 Minuten**

Pro Portion ca. 429 kcal, 25,4 g Fett,
25,7 g Kohlenhydrate, 20,1 g Eiweiß, 6,2 g Ballaststoffe

- 2 EL GEFRO Honig Wald & Blüte
- GEFRO Kräuterwürze
- 3 EL GEFRO Natives Olivenöl Extra
- GEFRO Salatwürze
- 1 großer Kopfsalat
- 8 junge Möhren
- 250 g helle kernlose Trauben
- 2 rote Zwiebeln
- ½ Bund Kerbel
- 400 g Feta
- 2 EL Semmelbrösel
- 4 EL Wasser
- 2 EL Apfelessig

Den Ofen auf 200°C vorheizen. 1 großen Kopfsalat putzen und waschen. 8 junge Möhren schälen und mit dem Sparschäler in feine Streifen schneiden. 250 g helle, kernlose Trauben halbieren.

2 rote Zwiebeln schälen und in feine Ringe schneiden. Die Kerbelzweigchen von den Stielen (½ Bund) zupfen.

400 g Fetakäse in 8 Scheiben schneiden und auf ein mit Backpapier ausgelegtes Ofengitter setzen. Den Käse mit 2 EL GEFRO Honig Wald & Blüte bestreichen, mit 2 EL Semmelbrösel bestreuen und mit GEFRO Kräuterwürze abschmecken. Den Käse im Ofen goldgelb überbacken.

In der Zwischenzeit aus 4 EL Wasser, 2 EL Apfelessig und 3 EL GEFRO Nativem Olivenöl Extra eine Vinaigrette rühen und mit GEFRO Salatwürze verfeinern.
Salat, Möhren, Trauben und die Zwiebelringe mit der Vinaigrette marinieren und auf Tellern anrichten.

Den gratinierten Fetakäse auf dem Salat anrichten und mit den Kerbelzweigchen garnieren.

Feldsalat mit Kartoffeldressing und Mini-Flammkuchen

Zutaten für **4 Portionen**
Zubereitung ca. **35 Minuten**

Pro Portion ca. 345 kcal, 15,1 g Fett,
38,2 g Kohlenhydrate, 13,5 g Eiweiß, 5,3 g Ballaststoffe

- 3 EL GEFRO Omega-3-Speiseöl
- GEFRO Salatwürze
- GEFRO Kräuterwürze
- 600 g Feldsalat, gewaschen und geputzt
- 4 kleine Kartoffeln, festkochend
- 4 EL Weißweinessig
- 1 EL Senf
- 2 fertige Flammkuchenböden
- 8 Scheiben Frühstücksspeck
- 2 kleine Zwiebeln
- 200 g Sauerrahm

Den Backofen auf 200°C vorheizen. Für das Kartoffeldressing 4 kleine festkochende Kartoffeln schälen und kochen. Die weichen Kartoffeln durch eine Presse drücken, mit4 EL Weißweinessig, 3 EL GEFRO Omega-3-Speiseöl und 1 EL Senf gut verrühren. Mit GEFRO Salatwürze abschmecken.

Mit einem runden Ausstecher runde kleine Böden aus dem Flammkuchenteig stechen und diese mit 200 g Sauerrahm bestreichen. 8 Scheiben Frühstücksspeck und 2 kleine Zwiebeln in feine Streifen schneiden und auf dem Sauerrahm verteilen. Mit etwas GEFRO Kräuterwürze abschmecken. Die Mini-Flammkuchen auf ein Backblech setzen und für etwa 3 - 4 Min. in den Ofen geben.

600 g Feldsalat, gewaschen und geputzt mit dem Dressing marinieren und auf Teller setzen. Zusammen mit den Flammkuchenminis servieren.

Tipp: Anstelle der Flammkuchenböden können Sie auch dünn geschnittene Baguettescheiben verwenden.

Feldsalat mit Kartoffeldressing
und Mini-Flammkuchen

Gefüllte Avocado mit Kräuterfrischkäse und Krabben

Zutaten für **8 gefüllte Avocadohälften**
Zubereitung ca. **15 Minuten**

Pro Portion ca. 482 kcal, 29,5 g Fett,
2,3 g Kohlenhydrate, 24,7 g Eiweiß 3,6 g Ballaststoffe

50 ml klare Brühe aus GEFRO Suppe
GEFRO Kräuterwürze
150 g Frischkäse
2 Frühlingszwiebeln
1 TL Dill, fein gehackt
1 EL Schnittlauch, fein geschnitten
1 TL Zitronensaft, frisch gepresst
400 g frische, geschälte Krabben
4 reife Avocados
4 Petersilienblätter
4 Zitronenscheiben

150 g Frischkäse in eine Schüssel geben. 2 Frühlingszwiebeln putzen und in sehr feine Ringe schneiden. Die Frühlingszwiebeln mit den Kräutern, 1 TL frisch gepresstem Zitronensaft und 50 ml klarer Brühe aus GEFRO Suppe in die Schüssel geben und mit dem Frischkäse verrühren. 400 g frisch geschälte Krabben zugeben und alles mit GEFRO Kräuterwürze abschmecken.

4 reife Avocados der Länge nach halbieren und den Kern entfernen. Die Avocadohälften mit den Frischkäse-Krabben füllen und je mit einem Petersilienblatt und einer Zitronenscheibe garnieren.

Servieren Sie die gefüllten Avocados mit frischem Baguette oder Schwarzbrot.

Honig-Tofu auf Zuckerschoten-Glasnudelsalat

Zutaten für **4 Portionen**
Zubereitung ca. **30 Minuten**

Pro Portion ca. 302 kcal, 15,6 g Fett,
19,0 g Kohlenhydrate, 20,0 g Eiweiß 5,3 g Ballaststoffe

GEFRO Suppe
1 EL GEFRO Omega-3-Speiseöl
1 TL GEFRO BIO Würzmischung »Indisch Curry«
100 g Glasnudeln (Zubereitung siehe Packung)
250 g Zuckerschoten
Salz
2 EL Sojasoße
Einige Tropfen Sesamöl
2 rote Chilis
400 g Tofu
1 EL Sesamsaat
1 EL Honig

100 g Glasnudeln nach Peickungbeilage kochen, in ein Sieb geben und mit Wasser abkühlen. 250 g Zuckerschoten in feine Streifen schneiden, in kochendem Salzwasser bissfest garen, abgießen und ebenfalls mit Wasser abkühlen. Die Glasnudeln mit den Zuckerschoten in einer Schüssel vermengen und mit 2 EL Sojasauce, einigen Tropfen Sesamöl sowie etwas GEFRO Suppe würzen.

2 rote Chilis der Länge nach halbieren, entkernen und in feine Streifen schneiden. 400 g Tofu in etwa 1,5 cm große Würfel schneiden.

1 EL GEFRO Omega-3-Speiseöl in einer Pfanne oder einem Wok erhitzen und die Tofuwürfel darin goldgelb anbraten. Die Sesamsaat und die Chilistreifen zugeben und mit 1 TL GEFRO BIO Würzmischung »Indisch Curry« würzen. Kurz weiterbraten, dann den EL Honig zugeben und gut durchschwenken.

Den Glasnudelsalat in Schalen oder auf Tellern anrichten und den Honig-Tofu darauf verteilen.

Tipp: Sesamöl erhalten Sie im gut sortierten Supermarkt oder im Asiatischen Lebensmittelhandel. Verwenden Sie das geschmacksintensive Öl sehr sparsam.

Gemüse-Kartoffelsalat mit Schmanddressing

Brotsalat mit Feta

Gemüse-Kartoffelsalat mit Schmanddressing

Zutaten für **4 Portionen**
Zubereitung ca. **35 Minuten**

Pro Portion ca. 342 kcal, 17,9 g Fett,
33,5 g Kohlenhydrate, 9,9 g Eiweiß, 11,7 g Ballaststoffe

- 3 EL GEFRO Omega-3-Speiseöl
- 300 ml klare Brühe aus GEFRO Suppe
- GEFRO Salatwürze
- 600 g kleine Kartoffeln, festkochend
- Salz
- 6 kleine Karotten
- 6 Stangen Staudensellerie
- 1 kleiner Blumenkohl
- 8 kleine Schalotten
- 3 EL Weißweinessig
- 1 Bund glatte Petersilie
- 200 g Schmand, 20% Fett
- Saft von 1 Zitrone
- ½ Kopf Friséesalat, geputzt und gezupft

600 g kleine, festkochende Kartoffeln in kochendem Salzwasser garen, auf ein Sieb abgießen, ausdämpfen, pellen und halbieren.

6 kleine Karotten schälen, der Länge nach halbieren und die Hälften in jeweils 3 gleich große Stücke schneiden. 6 Stangen Staudensellerie in mundgerechte Stücke schneiden. 1 kleinen Blumenkohl putzen und in kleine Röschen zerteilen. 8 kleine Schalotten schälen und halbieren. Die Karotten- und Selleriestücke sowie die Blumenkohlröschen getrennt voneinander in kochendem Salzwasser bissfest garen und auf ein Sieb geben.

1 EL GEFRO Omega-3-Speiseöl in einem Topf erhitzen und die halbierten Schalotten darin anbraten bis sie leicht gebräunt sind, mit 300 ml klarer Brühe aus GEFRO Suppe ablöschen und aufkochen.

3 EL Weißweinessig sowie 2 EL GEFRO Omega-3-Speiseöl zugeben und das Gemüse sowie die Kartoffeln darin marinieren. Die Petersilieblätter (1 Bund) von den Stielen zupfen.

200 g Schmand (20% Fett) mit dem Saft von 1 Zitrone verrühren und mit GEFRO Salatwürze abschmecken. Das marinierte Kartoffel-Gemüse aus der Marinade heben, mit dem gezupften Friséesalat (½ Kopf) auf Tellern anrichten und das Sauerrahmdressing darübergeben. Mit den Petersilienblättern bestreuen.

Brotsalat mit Feta

Zutaten für **4 Portionen**
Zubereitung ca. **30 Minuten**

Pro Portion ca. 434 kcal, 22,8 g Fett,
40,0 g Kohlenhydrate, 16,6 g Eiweiß, 3,0 g Ballaststoffe

- 3 EL GEFRO Natives Olivenöl Extra
- GEFRO Salatwürze
- 300 g Ciabatta-Brot
- 4 Knoblauchzehen
- 250 g Schafskäse
- 300 g Kirschtomaten
- 3 Zweige Basilikum
- 2 Zweige Minze
- 1 TL Zitronensaft
- Meersalz, grob

Den Backofen auf 180° C vorheizen. 300 g Ciabatta-Brot in grobe Würfel schneiden oder grob zupfen. 4 Knoblauchzehen mit einem Messerrücken leicht andrücken. 250 g Schafskäse würfeln.

Brotwürfel, Knoblauch, 300 g Kirschtomaten und Schafskäse in eine Auflaufform geben, mit 2 EL GEFRO Nativem Olivenöl Extra beträufeln und gut durchmischen. Für etwa 20 Min. im Ofen backen.

Blätter von 3 Basilikum- und 2 Minzezweigen zupfen. Den Brotsalat aus dem Ofen nehmen und die Kräuter untermischen. Mit 1 TL Zitronensaft, 1 EL GEFRO Nativem Olivenöl Extra sowie GEFRO Salatwürze abschmecken.

Auf Tellern anrichten und mit etwas grobem Meersalz bestreuen. Lauwarm servieren.

Gratinierter Ziegenkäse mit Honig auf Kräutersalat

Zutaten für **4 Portionen**
Zubereitung ca. **25 Minuten**

Pro Portion ca. 329 kcal, 25,4 g Fett,
61,5 g Kohlenhydrate, 14,1 g Eiweiß, 1,8 g Ballaststoffe

- 4 EL GEFRO Natives Olivenöl Extra
- GEFRO Salatwürze
- 2 EL GEFRO Honig Wald & Blüte
- 400 g gereifter Ziegenkäse (Rolle)
- 1 TL Rosmarin, fein gehackt
- 3 EL Wasser
- 2 EL Obstessig
- 400 g bunter Blattsalat, geputzt
- 1 Hand gezupfte frische Kräuter (z.B. Kerbel, Petersilie, Schnittlauch)

Den Ofengrill vorheizen. Die Ziegenkäserolle (400 g) in 8 gleichmäßige Stücke schneiden und auf ein mit Backpapier ausgelegtes Ofenblech legen.
Mit 1 EL GEFRO Nativem Olivenöl Extra beträufeln und mit dem gehackten Rosmarin bestreuen.
Für ca. 10 Min. im Ofen gratinieren.

In der Zwischenzeit aus 3 EL Wasser, 2 EL Obstessig und 3 EL GEFRO Nativem Olivenöl Extra eine Vinaigrette rühren und mit GEFRO Salatwürze verfeinern.

Den Salat mit den handgezupften Kräutern (z.B. Kerbel, Petersilie, Schnittlauch) vermischen und auf Tellern anrichten.
Den gratinierten Ziegenkäse auf den Salat setzen und mit 2 EL GEFRO Honig Wald & Blüte beträufeln.

Tipp: Fragen Sie auf dem Markt nach Mesclunsalat. Dabei handelt es sich um eine fertige Mischung verschiedener aromatischer Schnittsalate mit Gartenkräutern.

Rucolasalat mit gerösteter Paprika und Schafskäse

Zutaten für **4 Portionen**
Zubereitung ca. **40 Minuten**

Pro Portion ca. 287 kcal, 20,5 g Fett,
13,7 g Kohlenhydrate, 12,2 g Eiweiß, 7,5 g Ballaststoffe

2 EL GEFRO Honig Wald & Blüte
3 EL GEFRO Natives Olivenöl Extra
GEFRO Salatwürze
1 rote Zwiebel
2 rote Paprikaschoten
2 gelbe Paprikaschoten
200 g Schafskäse
2 EL Semmelbrösel
2 EL Balsamicoessig
300 g Rucola, geputzt

Den Backofen auf 200°C vorheizen. 1 rote Zwiebel schälen und in feine Streifen schneiden. 2 rote und 2 gelbe Paprika vierteln, entkernen, auf ein Backblech legen. Die Paprika in den Ofen geben bis die Haut leicht schwarz wird und Blasen wirft. Das Blech aus dem Ofen nehmen, mit einem Küchentuch bedecken, 10 Min. ruhen lassen. Die Paprika häuten und in feine Streifen schneiden.

200 g Schafskäse in 4 Scheiben schneiden, auf ein Backblech setzen, mit 1 EL GEFRO Honig Wald & Blüte bestreichen und mit 2 EL Semmelbrösel bestreuen. Für etwa 6 Minuten in den Ofen geben, bis die Semmelbrösel goldgelb geröstet sind.

1 EL GEFRO Honig Wald & Blüte in eine Schüssel geben und mit 2 EL Wasser, 2 EL Balsamicoessig sowie 3 EL GEFRO Nativem Olivenöl Extra verrühren. Mit GEFRO Salatwürze abschmecken.

300 g geputzten Rucola mit dem Dressing marinieren und auf Teller verteilen. Die Paprika- und die Zwiebelstreifen darüberstreuen und den überbackenen Schafskäse auf den Salat setzen.

Sauerkrautsalat mit gebratener Birne

Zutaten für **4 Portionen**
Zubereitung ca. **25 Minuten**

Pro Portion ca. 187 kcal, 12,5 g Fett, 17,4 g Kohlenhydrate, 3,1 g Eiweiß, 5,3 g Ballaststoffe

4 EL GEFRO Omega-3-Speiseöl
GEFRO Suppe
1 EL GEFRO Honig Wald & Blüte
GEFRO Salatwürze
200 g frisch eingelegtes Sauerkraut
1 kleine Zwiebel
1 TL Zucker
2 EL Obstessig
60 g Joghurt, 10% Fett
2 Birnen
2 Messerspitzen Zimt
100 g Feldsalat
2 EL Wasser
1 TL Senf

200 g frisch eingelegtes Sauerkraut grob hacken. 1 kleine Zwiebel schälen, halbieren und in feine Streifen schneiden. 1 EL GEFRO Omega-3-Speiseöl in einer Pfanne erhitzen, die Zwiebelstreifen darin andünsten, das Sauerkraut zugeben und ebenfalls etwas andünsten. 1 TL Zucker zugeben und mit 1 EL Obstessig ablöschen. Das Sauerkraut in eine Schüssel geben und 60 g Joghurt (10% Fett) untermengen. Mit etwas GEFRO Suppe würzen.

2 Birnen schälen und vierteln. 1 EL GEFRO Omega-3-Speiseöl in einer Pfanne erhitzen und die Birnen darin von allen Seiten anbraten. Mit 2 Messerspitzen Zimt bestäuben. 1 EL GEFRO Honig Wald & Blüte über die gebratenen Birnen geben und leicht karamellisieren lassen.

100 g Feldsalat putzen. Aus 1 EL Obstessig, 2 EL Wasser, 1 TL Senf, GEFRO Salatwürze sowie 2 EL GEFRO Omega-3-Speiseöl ein Salatdressing rühren und den Feldsalat damit marinieren.

Den Sauerkrautsalat mit dem Feldsalat auf Tellern anrichten und die Birnen darauf setzen.

Pilzcarpaccio
mit Mozzarella

Karotten-Weißkohlsalat
mit Sonnenblumenkernen

Pilzcarpaccio mit Mozzarella

Zutaten für **4 Portionen**
Zubereitung ca. **20 Minuten**

Pro Portion ca. 408 kcal, 34,4 g Fett,
2,5 g Kohlenhydrate, 21,8 g Eiweiß, 0,9 g Ballaststoffe

GEFRO Salatwürze
GEFRO Kräuterwürze
GEFRO Natives Olivenöl Extra
4 große Kräutersaitlinge oder Steinpilze
8 große braune Champignons
200 g Sauerrahm, 20% Fett
Abgeriebene Schale von 1 Bio-Zitrone
2 TL Zitronensaft, frisch gepresst
1 Prise Zucker
4 Kugeln Mozzarella, à 100 g
12 Basilikumblätter

4 große Kräutersaitlinge oder Steinpilze sowie 8 große braune Champignons putzen und in sehr dünne Scheiben schneiden.

200 g Sauerrahm (20% Fett) mit der abgeriebenen Schale einer Bio-Zitrone und 2 TL frisch gepresstem Zitronensaft sowie einer Prise Zucker verrühren und mit GEFRO Salatwürze abschmecken.

Die Pilzscheiben flach auf Tellern ausbreiten und mit dem Sauerrahm beträufeln.

4 Kugeln Mozzarella à 100 g in Scheiben schneiden, in die Mitte des Pilzcarpaccios setzen und mit etwas GEFRO Kräuterwürze verfeinern. Mit 12 Basilikumblättern garnieren. Das Carpaccio und den Mozzarella mit etwas GEFRO Nativem Olivenöl Extra begießen.

Tipp: Servieren Sie zum Carpaccio ein – in GEFRO Nativem Olivenöl Extra und etwas Knoblauch – geröstetes Ciabatta- oder Bauernbrot.

Karotten-Weißkohlsalat mit Sonnenblumenkernen

Zutaten für **4 Portionen**
Zubereitung ca. **25 Minuten**

Pro Portion ca. 289 kcal, 15,8 g Fett,
29,8 g Kohlenhydrate, 5,2 g Eiweiß, 12,6 g Ballaststoffe

1 EL GEFRO Honig Wald & Blüte
3 EL GEFRO Natives Olivenöl Extra
GEFRO Salatwürze
5 Karotten mit Grün
½ Kopf Weißkohl
2 Äpfel
2 EL Sonnenblumenkerne
Saft von 1 Zitrone
4 EL warmes Wasser
1 Bund Petersilie

5 Karotten mit Grün putzen, schälen und in Streifen schneiden oder grob raspeln. ½ Kopf Weißkohl vom Strunk befreien und ebenfalls in Streifen schneiden. 2 Äpfel vierteln, das Kerngehäuse herausschneiden und die Viertel in mundgerechte Stücke schneiden. Alles in eine große Schüssel geben.

2 EL Sonnenblumenkerne in einer Pfanne ohne Fett rösten. Aus dem Zitronensaft, 4 EL warmem Wasser, 1 EL GEFRO Honig Wald & Blüte sowie 3 EL GEFRO Nativem Olivenöl Extra ein Dressing rühren und mit GEFRO Salatwürze abschmecken. Den Salat mit dem Dressing marinieren. Die Petersilienblätter (1 Bund) von den Stielen zupfen und unter den Salat mischen.

Den marinierten Salat auf Tellern anrichten und mit den gerösteten Sonnenblumenkernen bestreuen.

Matjes-Mango-Spieße
mit würzigem Zwiebel-Dip

Garnelen auf Kartoffelsalat
in Kokosdressing

Rote Beete-Salat
mit Feta und Walnüssen

Rotkohlsalat
mit Grapefruit
und Granatapfel

Matjes-Mango-Spieße mit würzigem Zwiebel-Dip

Zutaten für **4 Portionen**
Zubereitung ca. **20 Minuten**

Pro Portion ca. 478 kcal, 33,4 g Fett,
10,3 g Kohlenhydrate, 33,9 g Eiweiß, 1,2 g Ballaststoffe

- 2 EL GEFRO Natives Olivenöl Extra
- 1 TL GEFRO BIO Würzmischung »Africa Style«
- 8 Matjesfilets
- 1 kleine reife Mango
- 2 rote Zwiebeln
- 250 g Speisequark, halbfett
- 100 g Joghurt, 10 % Fett
- 2 EL Schnittlauch, fein geschnitten

8 Matjesfilets in mundgerechte Stücke schneiden. 1 kleine reife Mango schälen und ebenfalls in mundgerechte Stücke schneiden. Matjes- und Mangostücke abwechselnd auf Holzspießchen stecken.

2 rote Zwiebeln schälen, halbieren und fein würfeln. 250 g Speisequark (halbfett) und 100 g Joghurt (10% Fett) mit 2 EL GEFRO Nativem Olivenöl Extra verrühren. Die roten Zwiebelwürfel sowie 2 EL fein geschnittenen Schnittlauch untermengen und gut verrühren.

Den Zwiebel-Dip mit 1 TL GEFRO BIO Würzmischung »Africa Style« abschmecken und in 4 Dipschälchen füllen.

Die Matjes-Mango-Spieße auf Tellern anrichten und mit dem Dip servieren.

Tipp: Anstatt des Matjes eignen sich auch gebratene und mit GEFRO BIO Würzmischung »Africa Style« gewürzte Hähnchenbrust- oder Lachsstücke für die Spieße.

Garnelen auf Kartoffelsalat in Kokosdressing

Zutaten für **4 Portionen**
Zubereitung ca. **50 Minuten**

Pro Portion ca. 384 kcal, 15,4 g Fett,
29,3 g Kohlenhydrate, 30,1 g Eiweiß, 7,8 g Ballaststoffe

- 2 EL GEFRO Omega-3-Speiseöl
- 200 ml klare Brühe aus GEFRO Suppe
- 600 g kleine Salatkartoffeln, festkochend
- 1 rote Paprika
- 2 Stangen Staudensellerie
- 1 Zwiebel
- 150 ml Kokosmilch
- Saft von 1 Limette
- 1 EL Sojasoße
- 1 EL Koriander, gehackt
- 8 große Garnelen, ohne Kopf und Schale, geputzt
- Salz
- Cayennepfeffer

600 g kleine Salatkartoffeln mit der Schale in reichlich Salzwasser bissfest garen, auf ein Sieb abgießen, abkühlen lassen und schälen.

In der Zwischenzeit 1 rote Paprika halbieren, entkernen und in Streifen schneiden. 2 Stangen Staudensellerie in sehr dünne Scheiben schneiden. 1 Zwiebel schälen, halbieren und in feine Streifen schneiden. 1 EL GEFRO Omega-3-Speiseöl in einer Pfanne erhitzen und das Gemüse darin leicht andünsten.

Die geschälten, lauwarmen Kartoffeln der Länge nach vierteln, in eine Schüssel geben, das Gemüse untermischen und mit 200 ml warmer, klarer Brühe aus GEFRO Suppe begießen. Mit 150 ml Kokosmilch, dem Saft von 1 Limette, 1 EL Sojasoße sowie 1 EL gehacktem Koriander marinieren.

1 EL GEFRO Omega-3-Speiseöl in einer Pfanne erhitzen. Die Garnelen der Länge nach halbieren, mit etwas Salz und wenig Cayennepfeffer würzen und in der Pfanne etwa 3 - 4 Min. bei mittlerer Temperatur anbraten.

Den Kartoffelsalat auf Tellern anrichten und die gebratenen Garnelen darauf verteilen.

Rote Beete-Salat mit Feta und Walnüssen

Zutaten für **4 Portionen**
Zubereitung ca. **15 Minuten**

Pro Portion ca. 342 kcal, 24,4 g Fett,
15,0 g Kohlenhydrate, 12,0 g Eiweiß, 4,1 g Ballaststoffe

- 3 EL GEFRO Natives Olivenöl Extra
- 2 EL GEFRO Honig Wald & Blüte
- GEFRO Salatwürze
- 400 g Rote Beete, gekocht und geschält
- 250 g Fetakäse
- 10 Walnusskerne
- 4 EL Wasser
- 2 EL Weissweinessig
- 1 TL Senf
- 250 g Pflücksalat, geputzt
- 2 Zweige Minze

400 g Rote Beete, gekocht und geschält in etwa 0,5 cm dicke Scheiben schneiden. 250 g Fetakäse würfeln, 10 Walnusskerne grob hacken und in einer Pfanne ohne Fett leicht anrösten.

Aus 4 EL Wasser, 2 EL Weissweinessig, 3 EL GEFRO Nativem Olivenöl Extra, 2 EL GEFRO Honig Wald & Blüte und 1 TL Senf ein Dressing rühren. Das Dressing mit GEFRO Salatwürze abschmecken.
Die Rote Beete-Scheiben auf Tellern anrichten und mit etwas Dressing marinieren.

250 g geputzten Pflücksalat in eine Schüssel geben und ebenfalls mit dem Dressing marinieren. Einige Blätter Salat über der Roten Beete verteilen und die Walnusskerne sowie die Fetawürfel darüberstreuen. Die Minzblätter (2 Zweige) vom Stiel zupfen und den Salat damit garnieren.

Den Rote-Beete Salat mit dem restlichen Pflücksalat in der Schüssel servieren.

Rotkohlsalat mit Grapefruit und Granatapfel

Zutaten für **4 Portionen**
Zubereitung ca. **25 Minuten**

Pro Portion ca. 321 kcal, 17,2 g Fett,
31,0 g Kohlenhydrate, 3,9 g Eiweiß, 5,2 g Ballaststoffe

- 2 EL GEFRO Honig Wald & Blüte
- 3 EL GEFRO Natives Olivenöl Extra
- GEFRO Suppe
- 400 g frischen Rotkohl
- 3 rosa Grapefruits
- 1 Granatapfel
- 60 g Walnusskerne
- 2 EL Obstessig

400 g frischen Rotkohl in sehr feine Streifen schneiden oder mit der Küchenreibe raspeln. In eine Schüssel geben. Die Schale der 3 rosa Grapefruits samt dem weißen Häutchen wegschneiden und die Filets zwischen den Trennhäuten herausschneiden. Dabei den heruntertropfenden Saft in einer Schüssel auffangen. Die Kerne aus 1 Granatapfel lösen.

60 g Walnusskerne in einer Pfanne ohne Fett leicht anrösten. Die Rotkohlstreifen mit 2 EL Obstessig, 2 EL GEFRO Honig Wald & Blüte sowie 3 EL GEFRO Nativem Olivenöl Extra marinieren und mit etwas GEFRO Suppe abschmecken.

Den Grapefruitsaft, die Grapefruitfilets sowie die Granatapfel- und Walnusskerne untermengen. Den Salat auf Teller anrichten und servieren.

Tipp: Wer dem Salat eine winterliche Note verleihen will, würzt ihn mit etwas gemahlenem Zimt und Anis.

Pilzeintopf mit Linsen

Suppen und Eintöpfe

Suppen und Eintöpfe sind die neuen Stars am Küchenhimmel. Modern interpretiert, von heiß und scharf bis kalt und erfrischend bieten sie eine Vielfalt und Raffinesse, die es zu entdecken lohnt. Probieren Sie, wie aus einer einfachen Gemüsesuppe eine sauer-scharfe Köstlichkeit wird und mit Pilzen und Linsen ein Eintopf alles andere als langweilig schmeckt. Viel Spaß beim Kochen, Probieren, Schmecken und Genießen!

Pilzeintopf mit Linsen

Zutaten für **4 Portionen**
Zubereitung ca. **35 Minuten**

Pro Portion ca. 264 kcal, 12,2 g Fett,
22,3 g Kohlenhydrate, 17,3 g Eiweiß, 9,9 g Ballaststoffe

- 2 EL GEFRO Natives Olivenöl Extra
- 1 Liter klare Brühe aus GEFRO Suppe
- GEFRO Kräuterwürze
- 120 g grüne Linsen
- Salz
- 50 g getrocknete Tomaten
- 2 kleine Karotten
- 100 g Austernpilze
- 1 rote Zwiebel
- 1 Knoblauchzehe
- 8 große Champignons
- 50 g Rucola
- 2 EL Parmesan, frisch gerieben

120 g grüne Linsen in reichlich Salzwasser bissfest garen, auf ein Sieb geben und mit kaltem Wasser abspülen.

50 g getrocknete Tomaten würfeln. 2 kleine Karotten schälen und in 1 cm dicke Scheiben oder Würfel schneiden. 100 g Austernpilze in Streifen schneiden. 1 rote Zwiebel schälen und fein würfeln. 1 Knoblauchzehe schälen und fein hacken.

In einem großen Topf 2 EL GEFRO Natives Olivenöl Extra erwärmen und die Zwiebelwürfel sowie den gehackten Knoblauch darin andünsten.
Die getrockneten Tomaten, die Karottenscheiben sowie die Austernpilzstreifen zugeben und ebenfalls andünsten. 1 Liter klare Brühe aus GEFRO Suppe zugeben und erwärmen. 8 große Champignons zugeben und aufkochen. Etwa 3 Min. köcheln lassen. Die Linsen in die Suppe geben und etwa 5 Min. ziehen lassen. Mit GEFRO Kräuterwürze abschmecken.

Den Pilzeintopf in Suppentellern anrichten, jeweils einige Blätter Rucola darauf geben und mit 2 EL frisch geriebenem Parmesan bestreuen.

Asiatischer Hühner-Gemüsetopf

Zutaten für **2 Portionen**
Zubereitung ca. **30 Minuten**

Pro Portion ca. 358 kcal, 8,9 g Fett,
50,0 g Kohlenhydrate, 21,4 g Eiweiß, 7,3 g Ballaststoffe

- 1 EL GEFRO Omega-3-Speiseöl
- GEFRO BIO Würzmischung »Indisch Curry«
- 800 ml klare Brühe aus GEFRO Suppe
- 200 g Basmatireis
- Salz
- 2 Knoblauchzehen
- 40 g Ingwerknolle
- 1 Zwiebel
- 200 g Karotten
- 200 g Lauch
- 400 g Hähnchenbrustfilet, ohne Haut
- 2 EL Sojasoße
- 200 g grüne Erbsen, tiefgekühlt

200 g Basmatireis in reichlich Salzwasser bissfest garen, auf ein Sieb abgießen und abtropfen lassen.

2 Knoblauchzehen und 40 g Ingwerknolle schälen und fein hacken. 1 Zwiebel schälen und fein würfeln.
200 g Karotten schälen und 200 g Lauch putzen. Die Karotten und den Lauch in etwa 1 cm dicke Scheiben schneiden.

400 g Hähnchenbrustfilet in etwa 2 cm große Stücke schneiden. 1 EL GEFRO Omega-3-Speiseöl in einem großen Topf erhitzen und den gehackten Knoblauch, Ingwer sowie die Zwiebelwürfel darin andünsten. Das Hähnchenfleisch zugeben und leicht anbraten. Alles mit GEFRO BIO Würzmischung »Indisch Curry« bestäuben und mit 2 EL Sojasoße ablöschen. 800 ml klare Brühe aus GEFRO Suppe zugießen und aufkochen. Das Gemüse zugeben und bissfest garen. 200 g tiefgekühlte grüne Erbsen sowie den gekochten Reis zugeben und erwärmen.

Den asiatischen Eintopf in Suppenschalen füllen und servieren.

Tipp: Das Rezept ist für 2 Portionen evtl. etwas reichlich bemessen. Falls etwas übrig bleibt, einfach einfrieren.

Asiatischer Hühner-Gemüsetopf

Sauer-scharfe Kokos-Kürbissuppe mit Riesengarnelen »Africa Style«

Zutaten für **4 Portionen**
Zubereitung ca. **25 Minuten**

Pro Portion ca. 150 kcal, 4,1 g Fett,
25,2 g Kohlenhydrate, 3,3 g Eiweiß, 2,0 g Ballaststoffe

60 g GEFRO Gourmet Kürbis Cremesuppe
GEFRO BIO Würzmischung »Africa Style«
GEFRO Omega-3-Speiseöl
100 ml Kokosmilch
½ rote Chilischote
2 EL Sojasoße
3 EL Limettensaft, frisch gepresst
4 Frühlingszwiebeln, fein geschnitten
8 Riesengarnelenschwänze, geschält

In einem Topf 700 ml Wasser zum Kochen bringen und 60 g GEFRO Gourmet Kürbis Cremesuppe einrühren. 100 ml Kokosmilch zugeben und etwa 3 Min. köcheln lassen. ½ rote, entkernte und fein gehackte Chilischote, 2 EL Sojasoße und 3 EL frisch gepressten Limettensaft zugeben. Etwas von den 4 fein geschnittenen Frühlingszwiebeln für die Dekoration zurückhalten und den Rest ebenfalls in die Suppe geben und etwa 5 Min. ziehen lassen.

In der Zwischenzeit die 8 Garnelenschwänze mit GEFRO BIO Würzmischung »Africa Style« würzen und in etwas GEFRO Omega-3-Speiseöl von beiden Seiten ca. 2 Min. braten.

Die Suppe in Suppenschalen anrichten, Garnelen hineingeben und mit den restlichen Frühlingszwiebeln garnieren.

Tipp: Als Einlage für diese sehr exotisch-aromatische Suppe eignen sich nicht nur Garnelen.
Je nach Belieben und Geschmack können Sie diese auch mit Fischfilet oder Hühnerbrust zubereiten.

Sauer-scharfe Gemüsesuppe

Zutaten für **4 Portionen**
Zubereitung ca. **30 Minuten**

Pro Portion ca. 83 kcal, 2,9 g Fett,
9,0 g Kohlenhydrate, 5,0 g Eiweiß, 7,2 g Ballaststoffe

800 ml klare Brühe aus GEFRO Suppe
1 EL GEFRO Tomatensuppe
1 EL Sojasoße
Saft von 1 Limette
1 TL getrocknete Chilischoten, gehackt
4 Frühlingszwiebeln
200 g Champignons
200 g Chinakohl
2 Stangen Staudensellerie
2 kleine Karotten
1 EL Koriandergrün, fein geschnitten

800 ml klare Brühe aus GEFRO Suppe in einem großen Topf erwärmen, 1 EL Sojasoße zugeben und 1 EL GEFRO Tomatensuppe einrühren. Die Suppe aufkochen und den Saft von 1 Limette sowie 1 EL getrocknete, gehackte Chilischoten einrühren.

4 Frühlingszwiebeln putzen und in Ringe schneiden. 200 g Champignons in dünne Scheiben und 200 g Chinakohl in feine Streifen schneiden. 2 Stangen Staudensellerie putzen und 2 kleine Karotten schälen. Beides in feine Scheiben schneiden. Die Karotten und den Sellerie in die Suppe geben und etwa 3 Minuten köcheln lassen.

Frühlingszwiebeln, Champignons und den Chinakohl in die Suppe geben und bei geringer Temperatur etwa 5 Min. ziehen lassen.

Zuletzt 1 EL fein geschnittenen Koriander einrühren und die Suppe servieren.

Tipp: Wer es herzhaft mag kann die Suppe mit Röstzwiebel oder angebratenem Knoblauch verfeinern.

Gurken-Gazpacho mit Röstbrot

Zutaten für **4 Portionen**
Zubereitung ca. **25 Minuten**

Pro Portion ca. 311 kcal, 16,2 g Fett, 27,5 g Kohlenhydrate, 12,2 g Eiweiß, 8,2 g Ballaststoffe

- 100 ml klare Brühe aus GEFRO Suppe
- GEFRO Kräuterwürze
- GEFRO Natives Olivenöl Extra
- 2 Eier
- 2 Salatgurken
- 2 gelbe Paprika
- 200 ml Joghurt, 1,5% Fett
- 1 EL Dill, fein gehackt
- 6 Minzeblätter
- 60 g Mandeln, gehackt
- ½ Baguette

Den Ofen auf 200°C vorheizen. 2 Eier hartkochen, schälen und auskühlen lassen. In der Zwischenzeit 2 Salatgurken schälen, der Länge nach halbieren und mit einem Löffel die Kerne entfernen. 3 Gurkenhälften in große Stücke schneiden und in ein hohes Gefäß geben. 2 gelbe Paprika halbieren, entkernen, in Stücke schneiden und zu den Gurken geben.

Paprika und Gurke mit 100 ml klarer Brühe aus GEFRO Suppe, 200 ml Joghurt (1,5% Fett) und 1 EL fein gehacktem Dill sowie 6 Minzeblätter fein pürieren. Mit GEFRO Kräuterwürze abschmecken. Die übrige Gurkenhälfte fein würfeln und in die Suppe geben.

60 g gehackte Mandeln in einer Pfanne ohne Fett goldbraun anrösten. Die Eier kleinhacken. Das Baguette in ca. ½ cm dicke Scheiben schneiden und mit etwas GEFRO Nativem Olivenöl Extra bestreichen. Die Baguettescheiben ca. 3 Min. in den Ofen geben, bis sie goldbraun sind.

Die Gazpacho in Schalen anrichten, mit den gehackten Mandeln und den Eiern bestreuen und mit etwas GEFRO Nativem Olivenöl Extra beträufeln. Mit dem Röstbrot servieren.

Tipp: In warmen Sommermonaten ist diese kalte Suppe besonders erfrischend. Stellen Sie die Suppe dann vor dem Servieren für einige Stunden in den Kühlschrank.

Gratinierte Kartoffelsuppe mit geräucherter Forelle

Zutaten für **4 Portionen**
Zubereitung ca. **40 Minuten**

Pro Portion ca. 293 kcal, 11,2 g Fett,
25,1 g Kohlenhydrate, 23,6 g Eiweiß, 1,9 g Ballaststoffe

- 60 g GEFRO Herzhafte Kartoffelsuppe
- 1 Liter Milch 1,5% Fett
- 2 Scheiben Toastbrot
- 100 g Forellenfilet, geräuchert
- 1 EL Butter
- 70 ml Sahne
- 2 Eigelb
- 50 g Parmesan, frisch gerieben
- 1 EL Kerbel, fein geschnitten

Den Backofen auf 200°C vorheizen. 1 Liter Milch (1,5% Fett) in einen Topf geben und leicht erwärmen. 60 g GEFRO Herzhafte Kartoffelsuppe einrühren und aufkochen. Die Kartoffelsuppe in ofenfeste Schalen verteilen.

Die Rinde von 2 Toastbrotscheiben entfernen und das Brot in Würfel schneiden. 100 g geräuchertes Forellenfilet ebenfalls würfeln. 1 EL Butter in einer Pfanne erhitzen und die Toastbrotwürfel darin knusprig anrösten. Forellenwürfel zugeben, ebenfalls kurz anrösten und alles auf einem Küchenpapier abtropfen lassen. Die Würfel auf die Suppenschalen verteilen.

70 ml Sahne steif schlagen und 2 Eigelb sowie 50 g geriebenen Parmesan nach und nach vorsichtig unterheben. Die Gratinmasse auf die Suppen geben und im Ofen goldbraun überbacken.

Die gratinierte Kartoffelsuppe aus dem Ofen nehmen, mit 1 EL fein geschnittenem Kerbel bestreuen und sofort servieren.

Tipp: Anstatt der Forelle eignen sich auch Speck, Lachs, Räucheraal oder als vegetarische Alternative geröstete Pilze bestens als Einlage in dieser herzhaften Suppe.

Curry-Reissuppe mit Hähnchenstreifen und Champignons

Zutaten für **4 Portionen**
Zubereitung ca. **30 Minuten**

Pro Portion ca. 280 kcal, 14,7 g Fett,
16,9 g Kohlenhydrate, 19,5 g Eiweiß, 5,4 g Ballaststoffe

- 1 EL GEFRO Omega-3-Speiseöl
- GEFRO BIO Würzmischung »Indisch Curry«
- 1 Liter klare Brühe aus GEFRO Suppe
- 60 g Basmatireis
- Salz
- 1 kleine Zwiebel
- 2 Stangen Staudensellerie
- 200 g Champignons
- 250 g Hähnchenbrustfilet
- 200 ml Kokosmilch
- 2 Frühlingszwiebeln, in feine Ringe geschnitten

60 g Basmatireis in Salzwasser weich kochen und auf ein Sieb abgießen. 1 kleine Zwiebel schälen und fein würfeln. 2 Stangen Staudensellerie und 200 g Champignons in dünne Scheiben schneiden.
250 g Hähnchenbrustfilet in etwa 1 cm große Würfel schneiden.

1 EL GEFRO Omega-3-Speiseöl in einer Pfanne erhitzen und die Hähnchenbrustwürfel darin anbraten. Zwiebel, Sellerie und Champignons zugeben, andünsten und mit etwas GEFRO BIO Würzmischung »Indisch Curry« würzen.

1 Liter klare Brühe aus GEFRO Suppe mit dem abgetropften Reis aufkochen und mit einem Stabmixer fein pürieren. 200 ml Kokosmilch zugeben und erneut aufkochen. Je nach Geschmack 1 - 2 TL GEFRO BIO Würzmischung »Indisch Curry« einrühren.

Die Suppe in Schalen oder Teller füllen und die Hähnchen-Champignon-Gemüsemischung darauf verteilen. Mit den Frühlingszwiebeln garnieren.

Tipp: Wer die besondere Schärfe mag, würzt die Suppe mit einer kleingehackten Thaichili und etwas Koriander.

Ingwerbrühe mit Huhn und grünen Bohnen

Zutaten für **4 Portionen**
Zubereitung ca. **25 Minuten**

Pro Portion ca. 151 kcal, 1,6 g Fett,
6,9 g Kohlenhydrate, 26,8 g Eiweiß, 3,6 g Ballaststoffe

20 g GEFRO Suppe
4 Frühlingszwiebeln
1 rote Chilischote
60 g junge, frische Ingwerknolle
1 Liter Wasser
400 g Hähnchenbrustfilet
1 Sternanis
300 g grüne Bohnen, geputzt
2 EL Sojasoße

Den Ofen auf 100°C vorheizen. 4 Frühlingszwiebeln putzen und in feine Ringe schneiden. 1 rote Chilischote der Länge nach halbieren, entkernen und in feine Streifen schneiden. 60 g Ingwerknolle schälen und ebenfalls in feine Streifen schneiden.

In einem großen Topf 1 Liter Wasser erwärmen. 20 g GEFRO Suppe einrühren und aufkochen. 400 g Hähnchenbrustfilet in die Suppe geben und etwa 15 Min. bei geringer Hitze ziehen lassen. Die Hähnchenbrust aus der Brühe nehmen und im Ofen warmhalten.

Die Suppe mit 1 Sternanis aufkochen, 300 g grüne, geputzte Bohnen sowie die Ingwerstreifen zugeben und ca. 5 Min. bissfest garen. 2 EL Sojasoße, die Chilistreifen und die Frühlingszwiebeln in die Suppe geben.

Die Suppe in Schalen oder Suppentellern anrichten. Die Hähnchenbrustfilets aus dem Ofen nehmen und in Scheiben schneiden. Die Hähnchenbrustscheiben in die Suppe geben und servieren.

Tipp: Wer es noch etwas kräftiger im Geschmack mag, kann für dieses Gericht noch etwas Knoblauch anrösten und in die Suppe geben.

Asiatische Gemüsesuppe mit Putenbrust

Zutaten für **4 Portionen**
Zubereitung ca. **35 Minuten**

Pro Portion ca. 299 kcal, 18,6 g Fett,
10,3 g Kohlenhydrate, 20,8 g Eiweiß, 5,8 g Ballaststoffe

- 2 EL GEFRO Omega-3-Speiseöl
- 100 g GEFRO Gourmet Gemüse Cremesuppe
- GEFRO BIO Würzmischung »Indisch Curry«
- 200 g Putenbrust
- 1 große Karotte
- 1 rote Chilischote
- 4 Frühlingszwiebeln
- 800 ml Wasser
- 200 ml Kokosmilch
- 2 EL Sojasoße
- Saft von 1/2 Limette
- 100 g Erbsen, tiefgekühlt

200 g Putenbrust in etwa 1 cm große Würfel schneiden. 1 große Karotte schälen und ebenfalls würfeln. 1 rote Chilischote der Länge nach halbieren, entkernen und in feine Streifen schneiden.
4 Frühlingszwiebeln putzen und in Ringe schneiden.

In einem Topf 1 EL GEFRO Omega-3-Speiseöl erhitzen und die Karottenwürfel mit den Chilistreifen darin glasig andünsten. 800 ml Wasser zugießen und erwärmen. 100 g GEFRO Gourmet Gemüse Cremesuppe einrühren und aufkochen.

200 ml Kokosmilch, 2 EL Sojasoße sowie den Saft einer halben Limette unterrühren und mit GEFRO BIO Würzmischung »Indisch Curry« abschmecken.
Die Frühlingszwiebelringe und 100 g Erbsen in die Suppe geben und etwa 3 Min. sanft köcheln lassen.

1 EL GEFRO Omega-3-Speiseöl in einer Pfanne erhitzen, die gewürfelte Putenbrust darin rundum goldbraun anbraten und mit GEFRO BIO Würzmischung »Indisch Curry« würzen.

Die Suppe in Suppenschalen anrichten und die Putenwürfel darauf verteilen.

Rote Beete-Lauchcremesuppe mit Apfel

Zutaten für **4 Portionen**
Zubereitung ca. **30 Minuten**

Pro Portion ca. 281 kcal, 22,1 g Fett,
12,8 g Kohlenhydrate, 3,5 g Eiweiß, 3,7 g Ballaststoffe

- 50 g GEFRO Gourmet Lauch Cremesuppe
- 200 g geschälte Rote Beete
- 1 kleine Zwiebel
- 1 EL Butter
- 900 ml Wasser
- 200 ml Sahne
- 1 säuerlicher Apfel
- ½ EL Zitronensaft
- 2 Zweige glatte Petersilie
- 2 EL Schmand, 20% Fett

200 g geschälte Rote Beete grob würfeln. 1 kleine Zwiebel schälen und in feine Streifen schneiden.

1 EL Butter in einem Topf zerlaufen lassen und die Zwiebelstreifen darin andünsten. Die Rote Beete-Würfel zugeben und ebenfalls kurz anschwitzen.

900 ml Wasser zugeben, aufkochen und etwa 5 Min. köcheln lassen. Temperatur reduzieren, 50 g GEFRO Gourmet Lauch Cremesuppe einrühren, erneut aufkochen und 3 Min. köcheln lassen. Die Suppe mit dem Küchenstab pürieren. 200 ml Sahne zugeben und nochmals aufkochen.

1 Apfel schälen, vierteln, entkernen und die Apfelviertel in dünne Streifen schneiden. Die Apfelstreifen sofort mit ½ EL Zitronensaft marinieren.

Die Blätter von 2 Petersilienzweigen zupfen und fein hacken. Die Suppe in Suppentellern oder Schalen anrichten, mit einem Klecks Schmand sowie der gehackten Petersilie garnieren und die Apfelstreifen darauf setzen.

Frühlingskräutersuppe mit grünem Spargel

Zucchini-Apfelsüppchen

Karotten-Apfelsuppe mit Honig

Lauch Cremesuppe
mit Pfeffer-Tofu-Croûtons

Frühlingskräutersuppe mit grünem Spargel

Zutaten für **4 Portionen**
Zubereitung ca. **25 Minuten**

Pro Portion ca. 310 kcal, 11,9 g Fett,
31,3 g Kohlenhydrate, 15,3 g Eiweiß 7,8 g Ballaststoffe

- 80 g GEFRO Gourmet Gemüse Cremesuppe
- 2 EL GEFRO Natives Olivenöl Extra
- 100 g frische Frühlingskräuter, gezupft
- 2 Schalotten
- 1 EL Butter
- 800 ml Milch, 1,5 % Fett
- 100 ml trockener Weißwein
- 400 g grünen Spargel
- 1 Vollkornbaguette

Den Ofen auf 200°C vorheizen. 100 g frische Frühlingskräuter kleinschneiden. 2 Schalotten schälen und fein würfeln. 1 EL Butter in einem großen Topf zerlassen und die Schalottenwürfel darin glasig andünsten. Die Kräuter zugeben und ebenfalls kurz andünsten.

800 ml Milch (1,5% Fett) in den Topf geben und erwärmen. 80 g GEFRO Gourmet Gemüse Cremesuppe zugeben und alles aufkochen. 100 ml trockenen Weißwein einrühren und die Suppe mit dem Mixstab fein pürieren.

400 g grünen Spargel am unteren Ende um 2 cm kürzen und den Rest in mundgerechte Stücke schneiden. Spargelstücke in kochendem Salzwasser garen, auf ein Sieb abgießen und in die Suppe geben.

1 Vollkornbaguette in Scheiben schneiden, mit 2 EL GEFRO Nativem Olivenöl Extra beträufeln und im Ofen goldbraun rösten. Die Frühlingskräutersuppe mit den gerösteten Baguettescheiben servieren.

Tipp: Verwenden Sie den kleinen aromatischen Thaispargel. Mit zwei kurz in heißes Wasser getauchte Schnittlauchhalme lässt sich dieser zu schönen, dekorativen Päckchen binden. Thaispargel erhalten Sie im gut sortierten Supermarkt oder im asiatischen Lebensmittelhandel.

Zucchini-Apfelsüppchen

Zutaten für **4 Portionen**
Zubereitung ca. **35 Minuten**

Pro Portion ca. 249 kcal, 20,0 g Fett,
14,0 g Kohlenhydrate, 3,5 g Eiweiß, 3,6 g Ballaststoffe

- 2 EL GEFRO Omega-3-Speiseöl
- 1 ½ EL GEFRO Suppe
- 3 Zucchini, mittelgroß
- 2 rote Äpfel
- 2 Zwiebeln
- 1 Liter Wasser
- 150 ml Sahne
- 4 Radieschen
- 2 EL Schnittlauch, fein geschnitten

3 mittelgroße Zucchini putzen, der Länge nach halbieren und in Scheiben schneiden. 2 rote Äpfel vierteln und entkernen. 2 Zwiebeln schälen. Jeweils einen Apfel und eine Zwiebel grob würfeln und die übrigen in dünne Streifen schneiden.

In einem Topf 1 EL GEFRO Omega-3-Speiseöl erhitzen und die Zucchini-, Apfel-, und Zwiebelwürfel darin andünsten. Mit 1 Liter warmem Wasser ablöschen und 1 ½ EL GEFRO Suppe einrühren. Die Suppe ca. 10 Min. köcheln lassen und mit dem Stabmixer pürieren. 100 ml Sahne unterrühren und aufkochen.

4 Radieschen putzen und in feine Streifen schneiden. 1 EL GEFRO Omega-3-Speiseöl in einer Pfanne erhitzen und die Apfel-, Zwiebel- und Radieschenstreifen darin andünsten. Die restlichen 50 ml Sahne halbsteif aufschlagen.

Suppe in Teller oder Schalen anrichten und die angedünsteten Streifen darauf verteilen.
Die Suppe mit einem Sahnehäubchen versehen und den Schnittlauch darüberstreuen.

Karotten-Apfelsuppe mit Honig

Zutaten für **4 Portionen**
Zubereitung ca. **25 Minuten**

Pro Portion ca. 225 kcal, 4,0 g Fett,
31,5 g Kohlenhydrate, 11,4 g Eiweiß, 4,3 g Ballaststoffe

1 EL GEFRO Natives Olivenöl Extra
50 g GEFRO Herzhafte Kartoffelsuppe
1 EL GEFRO Honig Wald & Blüte
GEFRO Gewürz-Pfeffer
200 g Karotten
1 säuerlicher Apfel
50 g Ingwerknolle
500 ml Wasser
1 Liter Milch
100 ml Weißwein, trocken

200 g Karotten schälen und in etwa 0,5 cm dünne Scheiben schneiden. 1 säuerlichen Apfel schälen, vierteln und das Kerngehäuse entfernen. Die Apfelviertel kleinschneiden. 50 g Ingwerknolle schälen und kleinhacken.

1 EL GEFRO Natives Olivenöl Extra in einen Topf geben und erwärmen. Karotten, Apfel und Ingwer im Olivenöl andünsten. 500 ml Wasser zugeben. Alles weich kochen und pürieren. 1 Liter Milch zugeben und erwärmen.

50 g GEFRO Herzhafte Kartoffelsuppe einrühren und aufkochen. 1 EL GEFRO Honig Wald & Blüte und 100 ml trockenen Weißwein unterrühren.

In Suppentellern anrichten und servieren.

TIPP: Servieren Sie zu dieser Suppe ein herzhaftes Bauernbrot. Rösten Sie das Brot in einer Pfanne mit GEFRO Nativem Olivenöl Extra von beiden Seiten knusprig an und würzen es mit etwas Salz und GEFRO Gewürz-Pfeffer.

Lauchcremesuppe mit Pfeffer-Tofu-Croûtons

Zutaten für **4 Portionen**
Zubereitung ca. **25 Minuten**

Pro Portion ca. 352 kcal, 26,8 g Fett,
12,3 g Kohlenhydrate, 11,6 g Eiweiß, 3,0 g Ballaststoffe

100 g GEFRO Gourmet Lauch Cremesuppe
1 EL GEFRO Omega-3-Speiseöl
½ EL GEFRO Gewürz-Pfeffer
200 g Tofu
1 kleiner Bund Schnittlauch
800 ml Wasser
200 ml Sahne
Crema di Balsamico

200 g Tofu in etwa 1,5 cm große Würfel schneiden. 1 kleinen Bund Schnittlauch in feine Röllchen schneiden.

In einem Topf 800 ml Wasser erwärmen, 100 g GEFRO Gourmet Lauch Cremesuppe einrühren und 200 ml Sahne zugeben. Die Suppe aufkochen und etwa 3 Min. köcheln lassen.

1 EL GEFRO Omega-3-Speiseöl in einer Pfanne erhitzen und den Tofu darin goldbraun anbraten. Etwa ½ EL GEFRO Gewürz-Pfeffer über den Tofu geben und durchschwenken.

Die Lauchsuppe in Schalen oder Suppentellern anrichten und die Pfeffer-Tofu-Croûtons hineingeben. Mit der Crema di Balsamico beträufeln und mit dem Schnittlauch bestreuen.

TIPP: Verwenden Sie als Alternative zum Tofu frisches Lachsfilet. Das Lachsfilet wie den Tofu in Würfel schneiden und etwa 1 Min. kräftig in GEFRO Omega-3-Speiseöl anbraten. Mit GEFRO Gewürz-Pfeffer bestreuen und durchschwenken.

Fotos: thinkstock | k&p

Die Fett-Frage

Für jedes unserer Rezepte im GEFRO-Kochbuch gibt es eine Empfehlung, welches Fett oder Öl für das einzelne Gericht verwendet werden sollte. Aber dennoch wird so mancher Koch oder Köchin ratlos vor dem Regal der Speisekammer stehen, wenn das entsprechende Öl vielleicht gerade aufgebraucht und keine Ersatzdose vorrätig ist.

Welches Fett für welchen Zweck? ▶

Welches Fett für welchen Zweck?

Fette sind ein wichtiger Bestandteil unserer täglichen Nahrung. Aber, Fett ist nicht gleich Fett, es gibt erhebliche Unterschiede. Alle Fette liefern Energie, aber einige Fette können, werden sie im Übermaß zugeführt, krank machen. Andere Fette wiederum besitzen eine wichtige Schutzfunktion für Herz und Gefäße.

Tierische Fette

Tierisches Fett (Fleisch, Wurst, Milch oder Milchprodukte) ist in der Regel reich an gesättigten Fettsäuren und Cholesterin und sollte nur in Maßen aufgenommen werden. Wer die Butter als Aufstrich bevorzugt, sollte sie genießen aber eher sparsam verwenden.

Gehärtete Fette

Backwaren, Süßwaren aber auch viele Fertiggerichte sind oft reich an gehärteten Fetten. Hier bilden zwar wertvolle Öle die Basis, aber die bei der Fetthärtung entstehenden Fette sind ernährungsphysiologisch nicht zu empfehlen. Wer also als Brotaufstrich die Margarine bevorzugt, sollte Produkte auswählen, die frei von gehärteten Fetten sind. Ein Blick auf die Zutatenliste gibt Aufschluss.

Grundsätzlich kann der Organismus gesättigte Fettsäuren selber herstellen, so dass eine Zufuhr mit der Nahrung nicht unbedingt nötig ist.

Gesättigte Fette

Zu empfehlen sind gesättigte Fette aufgrund ihrer hohen Hitzebeständigkeit jedoch für das Kochen bei hohen Temperaturen (Wok oder Friteuse).

Pflanzliche Fette

Die Sortenvielfalt gerade bei den pflanzlichen Ölen wird in erster Linie durch eine spezifische Fettsäurezusammensetzung bestimmt. So enthalten Kokosfett oder auch das Fett der Palmkernfrucht einen hohen Anteil an gesättigten Fettsäuren, Olivenöl dagegen zeichnet sich durch den hohen Gehalt an einfach ungesättigten Fettsäuren (Ölsäure) aus, während Distelöl den höchsten Gehalt an mehrfach ungesättigten Fettsäuren aufweist. Rapsöl dagegen ist wie Olivenöl reich an einfach ungesättigten Fettsäuren und hat zusätzlich die wertvolle Omega-3-Fettsäure im Spektrum.

Bei den mehrfach ungesättigten Fettsäuren unterschiedet man zwischen Omega-6- und Omega-3-Fettsäuren. Beide sind essentiell und haben bedeutende Funktionen in unserem Körper. Sie sind wichtig für den Aufbau der Zellwände und bilden wichtige Botenstoffe, die einen Einfluss auf die Blutfettwerte und auch auf die Blutgerinnung haben.

Omega-6-Fettsäuren kommen reichlich in verschiedenen Pflanzenölen vor, Omega-3-Fettsäuren dagegen finden sich hauptsächlich in fetten Seefischen, wie Lachs oder Makrele und im geringen Anteil auch im Raps-, Walnuss- oder Leinöl.

Für den Körper ist es wichtig, dass diese beiden Fettsäuren in einem richtigen Mengenverhältnis stehen. Wissenschaftler fordern eine Relation von fünf Teilen Omega-6 zu einem Teil Omega-3-Fettsäure. Erst dann entfaltet sich die schützende Wirkung auf die Gesundheit. Das Risiko für Herz-Kreislauferkrankungen sinkt, die Fließeigenschaft des Blutes wird verbessert, und das „böse“ LDL-Cholesterin wird reduziert während das „gute“ HDL- Cholesterin ansteigt. Im Rapsöl (Omega-3-Speiseöl) sind die essentiellen Fettsäuren optimal ausbalanciert; dieses Öl sollte in der täglichen Küche nicht fehlen.

Fettsäuren

Die verschiedenartigen Fettsäuren bestimmen letztlich die physikalischen Eigenschaften der Fette. Ein hoher Sättigungsgrad macht ein Fett hart. Je mehr ungesättigte Fettsäuren enthalten sind, desto flüssiger wird das Fett (Öl).

Aber auch wie lange ein Fett der Hitze Stand hält, hängt von diesem Fettsäuremuster ab. Je höher die Konzentration an gesättigten Fettsäuren ist, desto stärker kann man das Fett erhitzen. Man bezeichnet die Temperatur, bei der ein Fett sich langsam zersetzt und zu rauchen beginnt auch als Rauchpunkt. Wird dieser Rauchpunkt beim Erhitzen überschritten,

Foto: thinkstock | k&p

können sich gesundheitsschädliche Zersetzungsprodukte bilden. Das bedeutet: der Rauchpunkt ist ein Wertmaß für die thermische Qualität von Ölen und Fetten.

Für kalt zubereitete Speisen eignen sich die meisten Nahrungsfette. In der warmen Küche dagegen werden Fette jedoch recht unterschiedlichen Temperaturen ausgesetzt und diesen Ansprüchen werden nicht alle Fette gleichermaßen gerecht.

Beim Braten von Gulasch, Steaks, beim Frittieren, oder aber auch im Wok kann die Hitze schnell auf Temperaturen über 200 °C klettern. Das bedeutet, für diese Zwecke eignen sich Fette mit einem hohen Gehalt an gesättigten Fettsäuren.

Pflanzenöle mit einem hohen Gehalt an mehrfach ungesättigten Fettsäuren vertragen diese hohen Temperaturen nicht. Wird die Hitze zu stark, ändern die Fettsäuren teilweise ihre Struktur, zum anderen können sich gefährliche Zersetzungsprodukte bilden. Diese Zersetzung erkennt man häufig durch einen stechenden Geruch der erhitzten Fette.

Die Wahl eines Fettes oder Öls sollte immer auch auf die küchentechnische Verwendung abgestimmt werden.

Olivenöl - eine Geschmacksfrage?

Die Verwendung von Olivenöl ist entscheidend geprägt durch den Geschmack des Öls. Raffinierte Olivenöle sind geschmacksneutral und können hoch erhitzt werden. Bei kaltgepressten Olivenölen ist die Geschmacksvielfalt mit keinem anderen Öl vergleichbar.

Ähnlich wie beim Wein gibt es die unterschiedlichsten Nuancen: würzig, fruchtig, feinherb, mild oder Noten, die an Kräuter, Beeren oder Äpfel erinnern. Hier muss man schon einige Öle testen, um seinen Favoriten herauszufiltern. Einen ersten Anhaltspunkt für die Geschmacksrichtung gibt die Herkunft. Der Geschmack spiegelt die Landschaft, in der die Ölbäume wachsen.

Im Gegensatz zu anderen Ölen enthält Olivenöl sekundäre Pflanzenstoffe und phenolische Komponenten, die den Geschmack und Duft erheblich mitbestimmen. Phenole sind antioxidativ wirksam, das bedeutet, ein phenolreiches Öl könnte den Schutz vor Herz-Kreislauferkrankungen noch erhöhen. Pflanzenbegleitstoffe und Phenole finden sich nur im nativen Olivenöl, nicht in raffinierten Produkten. Die Farbe des Öls wird bestimmt durch den Gehalt an Chlorophyll (grün) und Carotin (gelblich).

Olivenöl - Güteklassen

Die Qualität eines Olivenöls ist nicht nur abhängig von der Olivensorte selbst, sondern wird maßgeblich durch Witterung, Zeitpunkt der Ernte und Lagerung mitbestimmt. Oliven müssen sorgfältig verlesen werden. Beschädigte Früchte oder Früchte, die von Schädlingen befallen sind, müssen aussortiert werden, so kann man einen unverfälschten Geschmack erzielen.

Die Kommission der Europäischen Gemeinschaft hat Richtlinien erarbeitet, nach denen die Qualität eines Olivenöls bestimmt werden muss. Insgesamt gibt es neun verschiedene Güteklassen, jedoch nur vier sind für den Verbraucher relevant. Ein entscheidendes Kriterium für die Klasse eines Öls ist der Gehalt an freien Fettsäuren. Wenn eine Olive beschädigt ist, beginnt sie zu oxidieren. Dabei entstehen freie Fettsäuren, die dem Öl einen säuerlichen oder kratzigen Geschmack verleihen. Je mehr freie Fettsäuren im Öl enthalten sind, desto minderwertiger ist es.

Natives Olivenöl, extra	Natives Olivenöl	Olivenöl	Oliventresteröl
Als extra nativ wird höchste Güteklasse bezeichnet. Es wird aus erster Pressung, rein mechanisch gewonnen. Der Anteil an freien Fettsäuren beträgt max. 0,8 g pro 100 g Öl. Farbe, Geruch und Geschmack müssen einwandfrei sein.	Dieses Öl wird ebenfalls direkt und ausschließlich mit mechanischen Verfahren gewonnen. Der Anteil an freien Fettsäuren darf bis zu 2 g je 100 g Öl betragen. Bei der sensorischen Testung (Farbe, Geruch und Geschmack) werden allerdings kleine Unstimmigkeiten verziehen.	Entspricht das kaltgepresste Öl nicht den Anforderungen, wird es unter Dampf raffiniert. Dadurch verliert es an Geschmack und wird deshalb zu einem geringeren Anteil mit nativem Olivenöl angereichert. Der Gehalt an freien Fettsäuren beträgt max. 1 g pro 100 g Öl.	Oliventresteröl wird aus Rückständen, den Resten des Olivenbreis, mit organischen Lösungsmitteln, gewonnen und anschließend raffiniert. Es darf max. 1,5 g freie Fettsäuren pro 100 g Öl enthalten.

Fleisch

Gebraten, geschmort oder gegrillt – nichts geht über den guten Geschmack eines herzhaften Fleischstückes.
Damit dem perfekten Fleischgenuss nichts im Wege steht, achten Sie beim Kauf auf die Farbe und das Aussehen der Fleischstücke. Frisches Rindfleisch ist dunkelrot und fein marmoriert, Kalbfleisch sieht hellrot aus und das feinfaserige Schweinefleisch zeigt frisch ein typisch rosa Aussehen.

Pfeffersteak mit Pilzen vom Grill und Sauce Hollandaise

Pfeffersteak mit Pilzen vom Grill und Sauce Hollandaise

Zutaten für **4 Portionen**
Zubereitung ca. **60 Minuten**

Pro Portion ca. 239 kcal, 14,7 g Fett,
0,5 g Kohlenhydrate, 39,6 g Eiweiß, 1,5 g Ballaststoffe

- 4 EL GEFRO Natives Olivenöl Extra
- GEFRO Kräuterwürze
- GEFRO Gewürz-Pfeffer
- 45 g GEFRO BIO Sauce Hollandaise
- 1 TL frischer Rosmarin, gehackt
- 1 TL frischer Thymian, gehackt
- 8 Riesenchampignons
- 4 Rinderfiletsteaks, à 180 g
- 130 g stückige Butter

4 EL GEFRO Natives Olivenöl Extra mit je 1 TL gehacktem Rosmarin und Thymian vermischen.

8 Riesenchampignons mit dem Olivenöl bestreichen und mit GEFRO Kräuterwürze abschmecken. Die Pilze etwa 10 - 12 Min. bei mittlerer Hitze grillen, nach der Hälfte der Zeit wenden und während des Grillens hin und wieder mit dem Olivenöl bestreichen.
Die gegarten Pilze warm halten.

4 Rinderfiletsteaks (à 180 g) mit dem restlichen Olivenöl bestreichen und etwa 8 Min. grillen. Nach der Hälfte der Zeit wenden. Das gegrillte Fleisch mit GEFRO Gewürz-Pfeffer bestreuen.

In der Zwischenzeit 45 g GEFRO BIO Sauce Hollandaise mit dem Schneebesen in 270 ml kaltes Wasser einrühren und unter ständigem Rühren aufkochen, 130 g stückige Butter unterrühren bis diese geschmolzen ist.

Die Pfeffersteaks mit den gegrillten Pilzen und Sauce Hollandaise servieren.

Tipp: Kalorienbewusste können die Buttermenge reduzieren und nach Geschmack entsprechend fettarme Milch verwenden.

Minutensteak vom Rind auf Kirschtomatensugo mit Basilikum

Zutaten für **4 Portionen**
Zubereitung ca. **35 Minuten**

Pro Portion ca. 499 kcal, 15,6 g Fett,
48,7 g Kohlenhydrate, 38,2 g Eiweiß 6,4 g Ballaststoffe

- 2 EL GEFRO Natives Olivenöl Extra
- GEFRO Tomatensoße
- 1 EL GEFRO Omega-3-Speiseöl
- GEFRO Fleischwürze
- 600 g Rinderhüfte
- 1 Zwiebel
- 300 ml Wasser
- 800 g Kirschtomaten
- ½ Bund Basilikum, Blätter gezupft
- 1 Baguette

600 g Rinderhüfte in 8 gleichmäßige Scheiben schneiden und etwas flach klopfen. 1 Zwiebel schälen und in feine Streifen schneiden. 1 EL GEFRO Natives Olivenöl Extra in einem Topf erhitzen und die Zwiebelstreifen darin glasig andünsten, mit 300 ml Wasser ablöschen und 36 g GEFRO Tomatensoße einrühren. 800 g Kirschtomaten halbieren und in die Tomatensoße geben. Die Basilikumblätter (von ½ Bund) halbieren und untermischen.

In einer großen Pfanne 1 EL GEFRO Omega-3-Speiseöl erhitzen und die Steaks darin von beiden Seiten kurz und kräftig anbraten. Aus der Pfanne nehmen und mit GEFRO Fleischwürze würzen.

Den Tomatensugo auf Tellern verteilen und die Minutensteaks darauf anrichten. Mit dem Baguette servieren.

Tipp: Lassen Sie sich die Steaks von Ihrem Metzger dünn vorschneiden. Anstelle des Rindfleischs können Sie natürlich auch Kalbfleisch verwenden. Besonders gut eignen sich Rücken, Hüfte und natürlich Filet.

Minutensteak vom Rind
auf Kirschtomatensugo mit Basilikum

Rumpsteak mit Aprikosen-Tomaten-Salsa und Knoblauch-Kartoffelpüree

Zutaten für **4 Portionen**
Zubereitung ca. **60 Minuten**

Pro Portion ca. 591 kcal, 22,2 g Fett,
47,5 g Kohlenhydrate, 47,7 g Eiweiß, 6,8 g Ballaststoffe

- 25 g GEFRO Tomatensoße
- GEFRO BIO Würzmischung »Mexico Chili«
- GEFRO Omega-3-Speiseöl
- GEFRO Fleischwürze
- 2 Tomaten
- 200 g Aprikosen, abgetropft, aus der Dose
- 250 ml Wasser
- 1 kg kleine Kartoffeln, festkochend
- Salz
- 2 Knoblauchzehen
- 50 g Butter
- 300 ml Milch
- 2 Bund Frühlingszwiebeln
- 4 Rumpsteaks, à 250 g

Den Ofen auf 180 °C vorheizen. 2 Tomaten vierteln und entkernen. Tomatenfilets und 200 g Aprikosen, abgetropft, aus der Dose, in kleine Würfel schneiden.

In einem Topf 250 ml Wasser erwärmen, 25 g GEFRO Tomatensoße einrühren und aufkochen. Tomaten- und Aprikosenwürfel in die Soße geben, mit etwas GEFRO BIO Würzmischung »Mexiko Chili« würzen und ziehen lassen. 1 kg kleine, festkochende Kartoffeln schälen, halbieren und in einem Topf mit kochendem Salzwasser garen. Die gegarten Kartoffeln auf ein Sieb abgießen.

2 Knoblauchzehen schälen und fein hacken.
50 g Butter im Topf schmelzen und den gehackten Knoblauch darin andünsten. 300 ml Milch zugeben und erwärmen. Die Kartoffeln durch eine Kartoffelpresse drücken und in den Topf geben. Die Kartoffelmasse bei mittlerer Hitze unter ständigem Rühren zu einem glatten Püree verarbeiten und warm halten.

2 Bund Frühlingszwiebeln putzen und das obere Drittel abschneiden.

In einer Pfanne etwas GEFRO Omega-3-Speiseöl erhitzen, 4 Rumpsteaks (à 250 g) darin nach und nach von jeder Seite kräftig anbraten.
Die angebratenen Steaks auf ein Backbleck legen, mit GEFRO Fleischwürze würzen und für ca. 5 - 6 Min. in den Ofen geben.

Die Frühlingszwiebeln inzwischen in der Pfanne anbraten und mit etwas Salz würzen. Die Steaks aus dem Ofen nehmen, mit etwas Alufolie bedecken und 3 - 4 Min. ruhen lassen, sodass sich der Fleischsaft verteilt.

Die Frühlingszwiebeln auf Tellern verteilen und die Rumpsteaks darauf anrichten. Mit der Tomaten-Aprikosen-Salsa und dem Knoblauch-Kartoffelpüree servieren.

Tipp: Die Tomaten-Aprikosen-Salsa können Sie kalt oder warm servieren. Sie eignet sich auch als fruchtig-aromatischer Dip zu Gemüse, Gegrilltem oder Meeresfrüchten.

Fleischbällchen mit Rosmarin gebraten in Tomatensugo

Zutaten für **4 Portionen**
Zubereitung ca. **40 Minuten**

Pro Portion ca. 469 kcal, 20,6 g Fett,
32,3 g Kohlenhydrate, 31,8 g Eiweiß, 7,5 g Ballaststoffe

- 1 TL GEFRO Fleischwürze
- 40 g GEFRO Tomatensoße
- GEFRO Omega-3-Speiseöl
- 500 g Hackfleisch vom Rind
- 1 Zwiebel
- 1 Ei
- 20 g Semmelbrösel
- 30 g Quark
- 1 EL Senf
- 2 mittelgroße Karotten
- 600 g Kartoffeln, festkochend
- Salz
- 200 g Kirschtomaten
- 400 ml Wasser
- 30 g Kapern
- 2 Zweige Rosmarin

500 g Rinderhackfleisch in eine Schüssel geben. 1 Zwiebel schälen und sehr fein würfeln. Nach und nach 1 Ei, 20 g Semmelbrösel, 30 g Quark, 1 EL Senf, 1 TL GEFRO Fleischwürze und die Zwiebelwürfel mit dem Hackfleisch vermengen. Zu einer glatten Masse verarbeiten und kleine, runde Hackfleischbällchen formen.

2 mittelgroße Karotten sowie 600 g festkochende Kartoffeln schälen und beides grob würfeln. Getrennt voneinander in kochendem Salzwasser bissfest garen und auf ein Sieb abgießen.

200 g Kirschtomaten halbieren. In einem Topf 400 ml Wasser erwärmen, 40 g GEFRO Tomatensoße einrühren und aufkochen. Die Kartoffel- und Karottenwürfel sowie die halbierten Kirschtomaten und 30 g Kapern in die Soße geben und erwärmen. Den Sugo nicht mehr kochen lassen.

In einer großen Pfanne etwas GEFRO Omega-3-Speiseöl erhitzen und die Hackfleischbällchen darin von allen Seiten unter Beigabe von 2 Zweigen Rosmarin kräftig anbraten.

Den Tomatensugo auf Tellern anrichten und die Fleischbällchen darauf verteilen.

Geschmorte Kalbsschulter mit Zitrone, Oliven und Gemüsereis

Zutaten für **4 Portionen**
Zubereitung ca. **3 Stunden** inkl. Schmorzeit

Pro Portion ca. 864 kcal, 29,7 g Fett,
49,2 g Kohlenhydrate, 83,3 g Eiweiß, 7,5 g Ballaststoffe

GEFRO Fleischwürze
GEFRO Omega-3-Speiseöl
1 EL GEFRO Suppe
GEFRO Natives Olivenöl Extra
GEFRO BIO Würzmischung »Bella Italia«
1,5 kg Kalbsschulter, küchenfertig ausgelöst
4 Knoblauchzehen, geschält
1 Karotte, geschält und grob gewürfelt
½ Knollensellerie, geschält und grob gewürfelt
½ Stange Lauch, geputzt und in Ringe geschnitten
2 Zwiebeln, geschält und grob gewürfelt
1 EL Tomatenmark
300 ml trockener Weißwein
1 Kräutersträußchen aus Rosmarin, Thymian und Salbei
1 große Zucchini, gewürfelt
250 g Risottoreis
Salz
2 Strauchtomaten, entkernt und gewürfelt
15 entkernte Kalamata-Oliven, halbiert
Abgeriebene Schale und Saft von 1 unbehandelten Zitrone

Backofen auf 180°C vorheizen. 1,5 kg Kalbsschulter, küchenfertig ausgelöst, mit GEFRO Fleischwürze würzen. In einem Bräter etwas GEFRO Omega-3-Speiseöl erhitzen, das Fleisch darin von allen Seiten kräftig anbraten und wieder herausnehmen.

4 geschälte Knoblauchzehen und das Gemüse (Karotte, Sellerie, Lauch, Zwiebeln) in den Bräter geben und anrösten. 1 EL Tomatenmark unterrühren und kurz mitrösten. Mit 300 ml Weißwein und 600 ml Wasser aufgießen, aufkochen und 1 EL GEFRO Suppe einrühren. Die Kalbschulter sowie das Kräutersträußchen aus Rosmarin, Thymian und Salbei hineingeben. Den Braten für ca. 2,5 Stunden in den Ofen geben. Nach der Hälfte der Garzeit die Ofentemperatur auf 150°C reduzieren.

In einem Topf etwas GEFRO Natives Olivenöl Extra erwärmen und die Zucchiniwürfel darin anschwitzen. 250 g Risottoreis zugeben und glasig angehen lassen, mit 500 ml Wasser ablöschen. Mit etwas Salz und GEFRO BIO »Bella Italia« würzen und die Tomatenwürfel untermischen. Den Gemüsereis kochen bis er gar ist und die Flüssigkeit fast vollständig aufgenommen hat.

Die Kalbsschulter aus dem Ofen nehmen und die Bratensoße durch ein Sieb in einen Topf passieren. 15 entkernte, halbierte Kalamata-Oliven sowie den Saft und die abgeriebene Schale einer unbehandelten Zitrone in die Soße geben und erwärmen.

Die Kalbsschulter in dünne Scheiben schneiden und mit etwas Soße auf Tellern anrichten. Den Gemüsereis dazu servieren.

Mangold-Hackfleischröllchen mit Rosmarinkartoffeln

Zutaten für **4 Portionen**
Zubereitung ca. **50 Minuten**

Pro Portion ca. 522 kcal, 15,6 g Fett,
55,5 g Kohlenhydrate, 36,2 g Eiweiß, 12,4 g Ballaststoffe

- 1 EL GEFRO Omega-3-Speiseöl
- 6 g GEFRO Tomatensuppe
- GEFRO BIO Würzmischung »Bella Italia«
- 300 ml klare Brühe aus GEFRO Suppe
- 2 EL GEFRO Natives Olivenöl Extra
- 900 g Mangoldblätter
- 1 mittelgroße Zwiebel
- 500 g mageres Hackfleisch vom Rind
- 100 g Semmelbrösel
- 1 EL Petersilie, fein gehackt
- 800 g kleine festkochende Kartoffeln (z.B.Drillinge)
- 2 Zweige Rosmarin
- Salz

Den Ofen auf 160°C vorheizen. 900 g Mangold vom harten Strunk befreien. Die Mangoldblätter für 1 Min. in kochendes Salzwasser geben, herausnehmen und in kaltem Wasser abschrecken. 12 Blätter auf Küchenpapier abtropfen lassen. Die übrigen Blätter ausdrücken und fein hacken. 1 mittelgroße Zwiebel schälen und fein würfen.

1 EL GEFRO Omega-3-Speiseöl in einer Pfanne erhitzen, die Zwiebelwürfel hineingeben und glasig anschwitzen. 500 g mageres Hackfleisch vom Rind zugeben, krümelig anbraten und 6 g GEFRO Tomatensuppe unterrühren. 100 g Semmelbrösel, die gehackten Mangoldblätter und 1 EL fein gehackte Petersilie untermengen. Mit GEFRO BIO Würzmischung »Bella Italia« abschmecken.

Die Hackfleischmasse auf den Mangoldblättern verteilen und diese zusammenfalten. Mit einem Zahnstocher oder Küchengarn verschließen.
Die Mangoldpäckchen in eine ofenfeste Form setzen und mit 300 ml klarer Brühe aus GEFRO Suppe begießen. Für etwa 25 Min. in den Ofen geben und schmoren.

800 g kleine festkochende Kartoffeln (z.B. Drillinge) in Ecken schneiden und auf ein mit Backpapier ausgelegtes Ofenblech verteilen. Mit 2 EL GEFRO Nativem Olivenöl Extra, den gezupften Nadeln von 2 Zweigen Rosmarin und dem Salz marinieren. Ebenfalls für ca. 25 Min. in den Ofen geben bis sie goldbraun und knusprig sind.

Die fertig geschmorten Mangoldpäckchen mit ihrem Schmorfond und den Rosmarinkartoffeln auf Tellern anrichten und sofort genießen.

Tipp: Sie können anstelle des Mangold auch feste große Spinatblätter verwenden.

Gefüllte Kohlrabi mit Hackfleisch-Feigen-Risotto

Zutaten für **4 Portionen**
Zubereitung ca. **50 Minuten**

Pro Portion ca. 503 kcal, 23,7 g Fett,
72,2 g Kohlenhydrate, 27,4 g Eiweiß, 6,4 g Ballaststoffe

- 2 EL GEFRO Natives Olivenöl Extra
- 500 ml klare Brühe aus GEFRO Suppe
- GEFRO Kräuterwürze
- 2 kleine Zwiebeln
- 250 g Risottoreis, z.B. Aborio
- 250 g mageres Rinderhackfleisch
- Salz
- 8 junge Kohlrabi
- 100 g getrocknete Feigen, gehackt
- 80 g Parmesan, frisch gerieben

2 kleine Zwiebeln schälen und fein würfeln.
2 EL GEFRO Natives Olivenöl Extra in einem Topf erhitzen und die Zwiebeln darin glasig angehen lassen. 250 g Risottoreis (z.B. Aborio) sowie 250 g Rinderhackfleisch zugeben und kurz andünsten.
Mit 500 ml heißer GEFRO Suppe aufgießen und unter regelmäßigem Rühren etwa 15 Min. garen.
Die Reiskörner sollten noch einen starken Biss haben.
Mit GEFRO Kräuterwürze und Salz abschmecken.

In der Zwischenzeit 8 junge Kohlrabi schälen, eine 2 cm breite Kappe abschneiden und mit einem Löffel aushöhlen. Das Risotto mit 100 g getrockneten, gehackten Feigen sowie 80 g frisch geriebenem Parmesan vollenden und in die Kohlrabis füllen.
Die Kappen wieder darauf setzen. Die restliche Brühe in eine ofenfeste Form füllen und die Kohlrabi hineinsetzen. Zugedeckt ca. 30 Min. garen.
Sofort servieren.

Tipp: Wer dem Gericht eine nussige Note verleihen möchte, mischt 1 EL gemahlene und geröstete Haselnüsse unter das Risotto, das ergänzt sich bestens mit dem feinen Geschmack der Kohlrabi.

Schweinefilet-Ananas-Spieß mit kreolischer Soße

Zutaten für **4 Portionen**
Zubereitung ca. **60 Minuten**

Pro Portion ca. 388 kcal, 11,9 g Fett,
23,5 g Kohlenhydrate, 45,5 g Eiweiß, 24,3 g Ballaststoffe

- 80 ml klare Brühe aus GEFRO Suppe
- 1 EL GEFRO Natives Olivenöl
- ½ EL GEFRO BIO Würzmischung »Africa Style«
- 3 Knoblauchzehen
- 1 EL frischer Oregano, fein gehackt
- 3 TL süß-saure Chilisoße
- 2 EL Rum
- 800 g Schweinefilet
- 400 g frische Ananas, geschält
- 1 grüne Paprika
- 1 rote Zwiebel
- 2 Stangen Sellerie
- 2 Tomaten
- 1 TL brauner Zucker
- 100 ml Orangensaft
- 2 EL Tomatenmark
- 2 EL zerlassene Butter

Für die Marinade 3 Knoblauchzehen schälen und sehr fein hacken. Die Hälfte davon in eine Schüssel geben und den Rest beiseite stellen. 1 EL frisch gehackten Oregano, 3 TL süß-saure Chilisoße, 2 EL Rum und 80 ml kalte Brühe aus GEFRO Suppe zum Knoblauch geben und gut miteinander verrühren.

800 g Schweinefilet in etwa 2,5 cm große Stücke schneiden und kräftig mit der Marinade vermengen. 400 g frische, geschälte Ananas in mundgerechte, etwa 1,5 cm dicke Scheiben schneiden.

1 grüne Paprika halbieren. Den Strunk und die Kerne entfernen und die Paprikahälften in kleine Würfel schneiden. 1 rote Zwiebel schälen, halbieren und in feine Streifen schneiden. 2 Stangen Sellerie putzen, der Länge nach halbieren und in dünne Scheiben schneiden. 2 Tomaten vierteln, die Kerne entfernen und in Würfel schneiden.

1 EL GEFRO Natives Olivenöl Extra in einer großen Pfanne erhitzen und den übrigen Knoblauch sowie das Gemüse bis auf die Tomaten darin andünsten. 1 TL braunen Zucker zugeben und karamellisieren lassen. Die Tomatenwürfel zugeben und mit 100 ml Orangensaft ablöschen. 2 EL Tomatenmark einrühren und mit ½ EL GEFRO BIO Würzmischung »Africa Style« abschmecken. Etwa 15 Min. bei mittlerer Temperatur köcheln lassen.

Das Fleisch aus der Marinade nehmen und abwechselnd mit den Ananasstücken auf den Holzspießen verteilen. Die Spieße auf den Grill geben und von jeder Seite etwa 5 Min. grillen. Zwischendrin immer wieder mit der zerlassenen Butter bestreichen.

Die Grillspieße mit der warmen oder kalten kreolischen Soße servieren.

Kalbsleber in Zwiebel-Pilzsoße mit Kartoffelstampf

Zutaten für **4 Portionen**
Zubereitung ca. **45 Minuten**

Pro Portion ca. 518 kcal, 22,8 g Fett,
38,6 g Kohlenhydrate, 38,2 g Eiweiß, 7,9 g Ballaststoffe

- 2 EL GEFRO Omega-3-Speiseöl
- 40 g GEFRO BIO Dunkle Soße
- GEFRO Fleischwürze
- 600 g festkochende Kartoffeln, geschält
- 150 ml Milch, 1,5% Fett
- 1 EL Butter
- Salz
- Muskatnuss, frisch gerieben
- 2 rote Zwiebeln
- 200 g gemischte Pilze (Pfifferlinge, Austernpilze, Champignons)
- 400 ml Wasser
- 2 EL glatte Petersilie, fein gehackt
- 4 Scheiben Kalbsleber, à 160 g

600 g festkochende, geschälte Kartoffeln halbieren und in einem Topf mit reichlich Salzwasser garen. Die weichgekochten Kartoffeln auf ein Sieb abgießen. 150 ml Milch (1,5% Fett) in den Topf geben und erhitzen. Die Kartoffeln zur Milch geben und mit einem Kartoffelstampfer oder einem Kochlöffel zerstampfen. 1 EL Butter unterarbeiten und den Kartoffelstampf mit Salz und frisch geriebener Muskatnuss würzen. Warm stellen.

2 rote Zwiebeln schälen und in feine Ringe schneiden. 200 g gemischte Pilze (Pfifferlinge, Austernpilze, Champignons) putzen und je nach Größe halbieren oder vierteln. In einer Pfanne 1 EL GEFRO Omega-3-Speiseöl erhitzen und die Zwiebeln darin glasig andünsten. Die Pilze zugeben und kräftig anbraten.

In einem Topf 400 ml Wasser erwärmen, 40 g GEFRO BIO Dunkle Soße einrühren und aufkochen. Die Pilze mit den Zwiebeln sowie 2 EL glatte, gehackte Petersilie in die Soße geben und ziehen lassen.

1 EL GEFRO Omega-3-Speiseöl in einer großen beschichteten Pfanne erhitzen und die Kalbsleberscheiben (à 160 g) darin bei mittlerer Temperatur von beiden Seiten etwa 2 - 3 Min. anbraten. Aus der Pfanne nehmen und mit GEFRO Fleischwürze würzen.

Die Kalbsleber mit der Zwiebel-Pilzsoße und dem Kartoffelstampf auf Tellern anrichten.

Schweinefilet im Speckmantel mit Brokkoligratin

Zutaten für **4 Portionen**
Zubereitung ca. **50 Minuten**

Pro Portion ca. 671 kcal, 28,8 g Fett,
53,2 g Kohlenhydrate, 40,4 g Eiweiß, 9,5 g Ballaststoffe

- 22 g GEFRO BIO Sauce Hollandaise
- 1 EL GEFRO Omega-3-Speiseöl
- GEFRO Fleischwürze
- GEFRO BIO Dunkle Soße
- 8 Schweinefilets, à 80 g
- 8 dünne Scheiben Frühstücksspeck, durchwachsen
- 1 kg Brokkoli
- Salz
- 200 ml Wasser
- 60 g Butter
- 250 g Bandnudeln

Den Ofen auf 200°C vorheizen. 8 Schweinefilets mit 8 dünnen Scheiben durchwachsenen Frühstücksspeck umwickeln und den Speck mit einem Zahnstocher feststecken.

Die Brokkoliröschen (1 kg Brokkoli) vom Stil schneiden und in kochendem Salzwasser bissfest garen. Auf ein Sieb abgießen und mit kaltem Wasser abkühlen.

22 g GEFRO BIO Sauce Hollandaise in 200 ml kaltes Wasser einrühren und unter ständigem Rühren kurz aufkochen. 60 g Butter in Stücke schneiden und in die Sauce Hollandaise einrühren. Brokkoliröschen in eine Auflaufform geben und die Sauce Hollandaise darüber verteilen. Ca. 10 Min. in den Ofen geben, gratinieren und warmhalten.

250 g Bandnudeln in kochendem Salzwasser al dente kochen und auf ein Sieb abgießen.

1 EL GEFRO Omega-3-Speiseöl in einer großen Pfanne erhitzen und die Medaillons rundum anbraten. Mit GEFRO Fleischwürze verfeinern und ca. 8 Min. im Ofen garen. In der Zwischenzeit 25 g GEFRO BIO Dunkle Soße in 250 ml warmes Wasser einrühren und kurz aufkochen.

Die Schweinemedaillons mit der Soße und den Bandnudeln auf Tellern anrichten und mit dem gratinierten Brokkoli servieren.

Geschmorte Kaninchenkeule in Waldpilzsoße

Zutaten für **4 Portionen**
Zubereitung ca. **80 Minuten**

Pro Portion ca. 407 kcal, 15,8 g Fett,
15,7 g Kohlenhydrate, 47,5 g Eiweiß, 6,7 g Ballaststoffe

- 70 g GEFRO Jägersoße
- 2 EL GEFRO Omega-3-Speiseöl
- GEFRO Fleischwürze
- 2 Karotten, geschält
- 200 g Knollensellerie, geputzt und geschält
- 1 große Zwiebel
- 200 g frische Waldpilze
- 1 Liter Wasser
- 4 Kaninchenkeulen
- 100 g Saure Sahne

Den Ofen auf 180°C vorheizen. 2 geschälte Karotten und 200 g geputzten und geschälten Sellerie in etwa 1 cm große Würfel schneiden. 1 große Zwiebel schälen und ebenfalls würfeln. 200 g frische Waldpilze putzen und je nach Größe halbieren. In einem Schmortopf 1 Liter Wasser erwärmen, 70 g GEFRO Jägersoße einrühren und aufkochen.

2 EL GEFRO Omega-3-Speiseöl in einer Pfanne erhitzen, 4 Kaninchenkeulen mit GEFRO Fleischwürze würzen und kräftig anbraten. Die Zwiebelwürfel und die Pilze im Bratöl andünsten.

Die Kaninchenkeulen, das Gemüse, die Zwiebel sowie die Pilze in die Jägersoße geben. Den Topf in den Ofen geben und alles etwa 60 Min. schmoren.

Topf aus dem Ofen nehmen, die Kaninchenkeulen aus der Soße nehmen, 100 g Saure Sahne unter die Soße rühren und nochmals aufkochen. Die Kaninchenkeule mit der Jägersoße und einer Beilage Ihrer Wahl servieren.

Tipp: Servieren Sie zu den Kaninchenkeulen die leckeren GEFRO Vollkorn Bauernspätzle oder GEFRO Vollkorn Bandnudeln.

Gegrillte Knoblauch-Koteletts mit Paprika-Pilzsoße

Rindergeschnetzeltes mit Zitronengras und Ingwer

Ofenkartoffeln mit Gemüse-Specksoße

Würzige Hackfleisch-Grillspieße mit Knoblauchsoße

Gegrillte Knoblauch-Koteletts mit Paprika-Pilzsoße

Zutaten für **4 Portionen**
Zubereitung ca. **45 Minuten**

Pro Portion ca. 380 kcal, 20,5 g Fett,
4,2 g Kohlenhydrate, 45,5 g Eiweiß, 3,2 g Ballaststoffe

2 EL GEFRO Omega-3-Speiseöl
2 EL GEFRO Natives Olivenöl Extra
GEFRO Fleischwürze
30 g GEFRO Jägersoße
2 Knoblauchzehen
1 EL frische Rosmarinnadeln, gehackt
4 Schweinekoteletts, à 200 g
1 rote Paprikaschote
1 gelbe Paprikaschote
1 Zwiebel
100 g Austernpilze
2 EL frischer Schnittlauch, fein geschnitten

2 Knoblauchzehen schälen und sehr fein hacken.
2 EL GEFRO Natives Olivenöl Extra mit dem gehackten Knoblauch und 1 EL gehackten Rosmarinnadeln verrühren. 4 Schweinekoteletts (à 200 g) mit GEFRO Fleischwürze würzen und von beiden Seiten mit dem Knoblauchöl bestreichen. Die Koteletts abdecken und in den Kühlschrank stellen.

In einem Topf 300 ml Wasser erwärmen, 30 g GEFRO Jägersoße einrühren und aufkochen. Den Topf vom Herd nehmen und beiseite stellen.

1 rote und 1 gelbe Paprikaschote halbieren und den Strunk sowie die Kerne entfernen. Die Paprikahälften in feine Streifen schneiden. 1 Zwiebel schälen, halbieren und ebenfalls in feine Streifen schneiden. 100 g Austernpilze je nach Größe halbieren oder vierteln. 2 EL GEFRO Omega-3-Speiseöl in einer großen Pfanne erhitzen und die Paprika- sowie die Zwiebelstreifen darin kurz anbraten. Die Austernpilze zugeben und ebenfalls kurz anbraten. Die Jägersoße zugießen und alles bei mittlerer Temperatur etwa 10 Min. köcheln lassen.

Die Koteletts bei mittlerer Temperatur ca. 10 - 12 Min. grillen. Nach der Hälfte der Zeit wenden.
Die gegrillten Knoblauch-Koteletts mit der Paprika-Pilzsoße auf Tellern anrichten und mit dem Schnittlauch bestreuen.

Rindergeschnetzeltes mit Zitronengras und Ingwer

Zutaten für **4 Portionen**
Zubereitung ca. **45 Minuten**

Pro Portion ca. 469 kcal, 10,3 g Fett,
55,0 g Kohlenhydrate, 39,2 g Eiweiß, 6,9 g Ballaststoffe

GEFRO Omega-3-Speiseöl
GEFRO Suppe
50 g GEFRO Helle Soße
1 Gemüsezwiebel
2 rote Paprika
100 g Shiitake-Pilze
1 Stange Zitronengras
50 g Ingwer, frisch
200 g Basmatireis, Salz
600 g Rinderhüfte, geschnetzelt
200 ml Milch, 1,5% Fett
200 ml Kokosmilch
Saft von 1 Limette

1 Gemüsezwiebel schälen. 2 rote Paprika vierteln und von Strunk und Kernen befreien. Gemüsezwiebel und Paprika in feine Streifen schneiden.
100 g Shiitake-Pilze halbieren. 1 Stange Zitronengras in Ringe schneiden. Ingwer schälen und sehr fein hacken.

200 g Basmatireis in reichlich Salzwasser bissfest garen.

In der Zwischenzeit etwas GEFRO Omega-3-Speiseöl in einer großen Pfanne erhitzen, 600 g Rindergeschnetzeltes in kleinen Portionen darin nach und nach kräftig anbraten und mit etwas GEFRO Suppe würzen. 100 g Shiitake-Pilze ebenfalls anbraten, Zwiebelstreifen, Paprikastreifen, das geschnittene Zitronengras und den feinen Ingwer zugeben, kurz andünsten und mit etwas Salz würzen.

200 ml Milch (1,5% Fett) und 200 ml Kokosmilch in einem großen Topf erwärmen, 50 g GEFRO Helle Soße einrühren, aufkochen und mit dem Saft von 1 Limette abschmecken. Fleisch und Pilzgemüse in die Soße geben, kurz aufkochen, vom Herd nehmen und abgedeckt etwa 5 Min. ziehen lassen.

Das Rindergeschnetzelte auf Tellern anrichten und mit dem Basmatireis servieren.

Ofenkartoffeln mit Gemüse-Specksoße

Zutaten für **4 Portionen**
Zubereitung ca. **45 Minuten**

Pro Portion ca. 555 kcal, 18,3 g Fett,
72,5 g Kohlenhydrate, 21,9 g Eiweiß, 10,9 g Ballaststoffe

- 2 EL GEFRO Natives Olivenöl Extra
- GEFRO Kräuterwürze
- 1 EL GEFRO Omega-3-Speiseöl
- 150 ml klare Brühe aus GEFRO Suppe
- 40 g GEFRO Helle Soße
- 8 Kartoffeln, festkochend, à ca. 200 g
- 2 Stangen Staudensellerie
- 1 kleine Karotte
- 1 Zwiebel
- 100 g mageren Speck oder Kochschinken
- 400 ml Milch
- 80 g geriebener Bergkäse
- 2 EL Schnittlauch, fein geschnitten

Den Ofen auf 200°C vorheizen. 8 Kartoffeln (à ca. 200 g) jeweils auf ein Stück Alufolie setzen, mit 2 EL GEFRO Nativem Olivenöl Extra beträufeln und mit etwas GEFRO Kräuterwürze bestreuen. Die Alufolie fest um die Kartoffel wickeln und diese für etwa 45 Min. im vorgeheizten Ofen garen.

In der Zwischenzeit 2 Stangen Staudensellerie in dünne Scheiben schneiden. 1 kleine Karotte sowie 1 Gemüsezwiebel schälen und fein würfeln.

1 EL GEFRO Omega-3-Speiseöl in einer Pfanne erhitzen, das Gemüse zugeben und andünsten, 150 ml klare Brühe aus GEFRO Suppe angießen und das Gemüse bissfest garen.

100 g mageren Speck in Streifen schneiden und in einer Pfanne ohne Fett anrösten.

400 ml Milch in einen Topf geben, erwärmen, 40 g GEFRO Helle Soße einrühren, aufkochen und etwa 3 Min. köcheln lassen. Das Gemüse und den gerösteten Speck in die Soße geben. Die Ofenkartoffeln aus der Folie nehmen, aufschneiden und etwas auseinanderdrücken.

Auf Tellern anrichten und mit 80 g geriebenem Bergkäse sowie 2 EL fein geschnittenem Schnittlauch bestreuen. Mit der Gemüse-Specksoße servieren.

Würzige Hackfleisch-Grillspieße mit Knoblauchsoße

Zutaten für **4 Portionen**
Zubereitung ca. **45 Minuten**

Pro Portion ca. 478 kcal, 31,5 g Fett,
5,7 g Kohlenhydrate, 42,2 g Eiweiß, 0,6 g Ballaststoffe

- 1 TL GEFRO Fleischwürze
- 1 TL GEFRO Kräuterwürze
- 3 EL GEFRO Omega-3-Speiseöl
- 80 g GEFRO Helle Soße
- 1 kg mageres Rinderhackfleisch
- 8 Holzspieße (vorher 30 Minuten ins Wasser legen)
- 2 Knoblauchzehen
- 1 Zwiebel
- 250 ml Milch, 1,5% Fett
- 2 EL glatte Petersilie, fein gehackt
- 2 EL Schmand, 20% Fett

1 kg mageres Rinderhackfleisch in eine Schüssel geben je 1 TL GEFRO Fleischwürze sowie GEFRO Kräuterwürze kräftig mit dem Fleisch vermengen. Aus der Hackfleischmasse 8 gleichgroße Kugeln formen und diese wurstförmig auf 8 Holzspießen (vorher 30 Min. ins Wasser legen) festdrücken. Die nicht mit Fleisch bedeckten Holzenden mit Alufolie umwickeln und festdrücken. Die Spieße kalt stellen.

Für die Knoblauchsoße 2 Knoblauchzehen und 1 Zwiebel schälen. Die Knoblauchzehen fein hacken und die Zwiebel in kleine Würfel schneiden.

In einem Topf 1 EL GEFRO Omega-3-Speiseöl erhitzen und den gehackten Knoblauch sowie die Zwiebelwürfel darin glasig angehen lassen. Mit 250 ml Milch (1,5% Fett) ablöschen und diese erhitzen. 80 g GEFRO Helle Soße einrühren und aufkochen. Die Soße abkühlen lassen, 2 EL gehackte Petersilie sowie 2 EL Schmand (20% Fett) unterrühren.

Die Hackfleischspieße mit 2 EL GEFRO Omega-3-Speiseöl bestreichen und auf den Grillrost legen. Bei starker Hitze etwa 6 - 8 Min. durchgaren. Nach der Hälfte der Zeit wenden.

Die Grillspieße von der Alufolie befreien und mit der Knoblauchsoße servieren.

Geschmortes Rindfleisch mit Kichererbsen und Grapefruit

Zutaten für **4 Portionen**
Zubereitung ca. **60 Minuten**

Pro Portion ca. 603 kcal, 17,9 g Fett,
63,0 g Kohlenhydrate, 34,6 g Eiweiß, 9,3 g Ballaststoffe

3 EL GEFRO Omega-3-Speiseöl
1 EL GEFRO BIO Dunkle Soße
GEFRO BIO Würzmischung »Africa Style«
100 g getrocknete Kichererbsen, über Nacht einweichen
1 Lorbeerblatt
3 Zweige Thymian
500 g mageres Rindfleisch, z.B. aus der Hüfte
Pfeffer, frisch gemahlen
2 Zwiebeln
150 g Champignons
2 Knoblauchzehen
100 ml Weißwein
2 rosa Grapefruit
200 g Wildreis
Salz

Den Backofen auf 180°C vorheizen. 100 g getrocknete Kichererbsen mit einem Lorbeerblatt und 3 Zweigen Thymian in einen Topf geben und mit Wasser bedecken. Bei mittlerer Hitze etwa 1 Stunde garen, so dass sie noch Biss haben, auf ein Sieb geben und abtropfen lassen.

In der Zwischenzeit 500 g mageres Rindfleisch in 2 x 2 cm große Würfel schneiden, mit Salz und frisch gemahlenem Pfeffer würzen und in einer Pfanne in 1 EL GEFRO Omega-3-Speiseöl von allen Seiten scharf anbraten. Das Fleisch aus der Pfanne nehmen und beiseite stellen.

2 Zwiebeln schälen und in feine Ringe schneiden, 150 g Champignons putzen und vierteln. 2 Knoblauchzehen schälen und fein hacken. In einem Schmortopf 2 EL GEFRO Omega-3-Speiseöl erhitzen und die Zwiebeln sowie den Knoblauch darin glasig angehen lassen. Die Champignons zugeben und kurz mitbraten. Mit 100 ml Wasser und 100 ml Weißwein ablöschen, aufkochen und 1 EL GEFRO BIO Dunkle Soße einrühren. Das Rindfleisch zugeben und zugedeckt für etwa 40 Min. in den Backofen geben.

In der Zwischenzeit 2 rosa Grapefruits schälen und die Filets aus den Trennhäuten schneiden. 200 g Wildreis in reichlich Salzwasser bissfest garen und auf ein Sieb geben. Das geschmorte Rindfleisch aus dem Ofen nehmen und die warmen Kichererbsen untermengen. Mit GEFRO »Africa Style« abschmecken.

Das geschmorte Rindfleisch auf Teller oder in Schalen anrichten und mit den Grapefruitfilets garnieren. Mit dem Wildreis servieren.

Asiatisches Zwiebelfleisch mit Paprika und Cashewkernen

Zutaten für **4 Portionen**
Zubereitung ca. **40 Minuten**

Pro Portion ca. 433 kcal, 23,7 g Fett,
16,4 g Kohlenhydrate, 38,4 g Eiweiß, 4,3 g Ballaststoffe

GEFRO Omega-3-Speiseöl
40 g GEFRO Soße zu Braten
600 g Rumpsteak oder Rinderhüfte
Salz
Pfeffer
2 Gemüsezwiebeln
3 Knoblauchzehen
2 rote Spitzpaprika
400 ml Wasser
60 ml Sojasoße
Saft von 1 Limette
80 g Cashewkerne, ungeröstet

600 g Rumpsteak oder Rinderhüfte in dünne Streifen schneiden und mit etwas Salz und Pfeffer würzen.

2 Gemüsezwiebeln und 3 Knoblauchzehen schälen. Die Zwiebeln in feine Streifen schneiden und den Knoblauch sehr fein hacken. 2 rote Spitzpaprika halbieren, Strunk und Kerne sowie die weiße Haut entfernen und die Paprikahälften in Streifen schneiden.

In einer Pfanne etwas GEFRO Omega-3-Speiseöl erhitzen und separat das Fleisch, die Zwiebeln und die Paprika anbraten. Zuletzt den Knoblauch angehen lassen, mit 400 ml Wasser ablöschen und aufkochen. 40 g GEFRO Soße zu Braten einrühren und erneut aufkochen. 60 ml Sojasoße und den Saft einer Limette unterrühren. 80 g ungeröstete Cashewkerne, das Fleisch, die Zwiebel- sowie die Paprikastreifen in die Soße geben und etwa 3 Min. ziehen lassen.

Tipp: Reichen Sie als Beilage Jasminreis. Dieser thailändische Klebereis ist sehr aromatisch und entfaltet beim Kochen einen wunderbar blumigen Duft.

Geröstetes Schweinefleisch mit Sesamnudeln

Zutaten für **4 Portionen**
Zubereitung ca. **40 Minuten**

Pro Portion ca. 507 kcal, 12,3 g Fett,
55,0 g Kohlenhydrate, 42,7 g Eiweiß, 3,5 g Ballaststoffe

1 TL GEFRO BIO Würzmischung »Indisch Curry«
1 EL GEFRO Omega-3-Speiseöl
1 EL GEFRO Honig Wald & Blüte
600 g Schweinefilet, küchenfertig
Saft von 1 Limette
2 EL Sojasoße
1 EL Sesamsaat
1 Bund Schnittlauch
1 rote Chilischote
400 g Japanische Soba Nudeln
Salz

600 g küchenfertiges Schweinefilet in etwa 2 cm große Würfel schneiden und in eine Schüssel geben. Mit dem Saft von 1 Limette, 2 EL Sojasoße und 1 TL GEFRO BIO Würzmischung »Indisch Curry« marinieren und etwa 20 Min. ziehen lassen.

In der Zwischenzeit 1 EL Sesamsaat in einer Pfanne ohne Fett goldgelb anrösten. 1 Bund Schnittlauch in feine Röllchen schneiden. 1 rote Chilischote in feine Ringe schneiden und die Kerne entfernen.

400 g Japanische Soba Nudeln nach Packungsangabe im kochenden Salzwasser garen und auf ein Sieb abgießen. 1 EL GEFRO Omega-3-Speiseöl in einem Wok oder in einer großen Pfanne erhitzen.
Die Schweinefiletwürfel aus der Marinade nehmen und im heißen Öl knusprig anrösten. 1 EL GEFRO Honig Wald & Blüte zugeben und das Fleisch karamellisieren. Die geschnittene Chilischote zugeben und die Nudeln untermengen.

Den Sesam und den Schnittlauch untermischen, die Nudeln in Schalen oder auf Tellern anrichten und servieren.

Tipp: Die japanischen Sobanudeln werden aus Buchweizenmehl hergestellt. Buchweizenmehl enthält kein Gluten, somit sind diese Nudeln auch bestens für eine diätische Ernährung bei Glutenunverträglichkeit geeignet. Sobanudeln sind inzwischen auch bei uns sehr verbreitet, sie bekommen diese im Asiaregal eines gut sortierten Supermarkts oder im Asialaden.

Asiatisches Zwiebelfleisch
mit Paprika und Cashewkernen

Geröstetes Schweinefleisch
mit Sesamnudeln

Schweinemedaillons
mit Waldpilzsoße
und Rosmarinkartoffeln

Kalbsküchle
mit Schmorgemüse

Schweinemedaillons mit Waldpilzsoße und Rosmarinkartoffeln

Zutaten für **4 Portionen**
Zubereitung ca. **35 Minuten**

Pro Portion ca. 438 kcal, 17,9 g Fett,
29,4 g Kohlenhydrate, 38,9 g Eiweiß 5,7 g Ballaststoffe

- 3 EL GEFRO Omega-3-Speiseöl
- GEFRO Kräuterwürze
- GEFRO Fleischwürze
- 40 g GEFRO Edelpilz Cremesuppe
- 800 g kleine Kartoffeln, Drillinge
- 2 Zweige Rosmarin
- 400 g frische Pilze je nach Saison, geputzt
- 8 Schweinefiletmedaillons, à 70 g
- 300 ml Wasser
- 100 ml Sahne

Den Ofen auf 180°C vorheizen. 800 g kleine Kartoffeln waschen und der Länge nach vierteln. Ein Ofenblech mit Backpapier auslegen und die Kartoffelecken darauf verteilen. Die Nadeln von 2 Rosmarinzweigen zupfen und über den Kartoffeln verteilen.
Mit 2 EL GEFRO Omega-3-Speiseöl beträufeln und GEFRO Kräuterwürze verfeinern. Die Kartoffeln für ca. 18 - 20 Min. in den Ofen geben.

In der Zwischenzeit 400 g Pilze, je nach Saison, kleinschneiden.

In einer großen Pfanne 1 EL GEFRO Omega-3-Speiseöl erhitzen, 8 Schweinemedaillons (à 70 g) von beiden Seiten ca. 3 Min. anbraten, aus der Pfanne nehmen, mit GEFRO Fleischwürze abschmecken und beiseite stellen.

Die Pilze in die Pfanne geben, anbraten und wieder aus der Pfanne nehmen. Die Pfanne mit 300 ml Wasser ablöschen. 40 g GEFRO Edelpilz Cremesuppe einrühren und aufkochen. 100 ml Sahne unterrühren und 2 Min. bei geringer Hitze köcheln lassen.
Die Schweinefilets und die Pilze in die Pfanne geben und etwa 2 Min. ziehen lassen.

Die Filets mit der Waldpilzsoße auf Tellern anrichten und mit den Rosmarinkartoffeln servieren.

Tipp: Verwenden Sie eine dünnschalige Kartoffelsorte, z.B. Drillinge. Diese müssen Sie nicht schälen und die dünne Schale ist zum Verzehr geeignet.

Kalbsküchle mit Schmorgemüse

Zutaten für **4 Portionen**
Zubereitung ca. **60 Minuten**

Pro Portion ca. 392 kcal, 11,8 g Fett,
29,3 g Kohlenhydrate, 40,9 g Eiweiß, 7,0 g Ballaststoffe

- GEFRO Fleischwürze
- 1 EL GEFRO Omega-3-Speiseöl
- 300 ml klare Brühe aus GEFRO Suppe
- 600 g Kalbshackfleisch
- 1 EL Senf
- 60 g Magerquark
- 2 kleine Eier
- 1 Zwiebel und 6 kleine Schalotten
- 40 g Paniermehl
- 2 EL glatte Petersilie, fein gehackt
- 300 g junge Karotten und 300 g Zucchini
- 400 g kleine Kartoffeln, festkochend
- 2 Zweige Rosmarin und 4 Zweige Thymian

Backofen auf 200°C vorheizen. 600 g Kalbshackfleisch mit 1 EL Senf und 60 g Magerquark in eine große Schüssel geben und verrühren. Nach und nach 2 kleine Eier unterarbeiten.

1 Zwiebel schälen und sehr fein würfeln. Zwiebelwürfel, 40 g Paniermehl sowie 2 EL fein gehackte Petersilie ebenfalls unter die Hackfleischmasse mengen und mit GEFRO Fleischwürze abschmecken. Alles zu einer glatten Masse verarbeiten und 8 gleich große Kalbsküchle formen.
1 EL GEFRO Omega-3-Speiseöl in einer Pfanne erhitzen. Die Kalbsküchle darin von beiden Seiten anbraten und sofort wieder aus der Pfanne nehmen.

300 g junge Karotten schälen und der Länge nach vierteln. 300 g Zucchini putzen und in etwa 1,5 cm dicke Scheiben schneiden. 6 kleine Schalotten schälen und der Länge nach halbieren. 400 g kleine, festkochene Kartoffeln in 1 cm dicke Scheiben schneiden.

Karotten, Schalotten, Kartoffeln sowie 2 Rosmarin- und 4 Thymianzweige auf einem Backblech verteilen und 300 ml klare Brühe aus GEFRO Suppe angießen. Das Blech für etwa 25 Min. in den Ofen geben. Nach 15 Min. die Kalbsküchle und die Zucchinischeiben zum Schmorgemüse geben und mitgaren.

Das Gemüse mit dem Schmorsud auf Tellern verteilen und jeweils zwei Kalbsküchle darauf setzen.

Geflügel

Die hohe Kunst der richtigen Kombination aus Zutaten und Gewürzen macht aus klassischen Geflügelgerichten kleine Geschmackssensationen. Hühnchen „spicy“ mit Bohnen und Graupen verwöhnt den Gaumen ebenso wie ein würziges Kräuterhuhn oder ein Grillhähnchen, das sich mit Mango-Chili-Soße von seiner indischen Seite zeigt.

Hähnchenkeule mit Ananas und Cashewnüssen

Hähnchenkeule mit Ananas und Cashewnüssen

Zutaten für **4 Portionen**
Zubereitung ca. **60 Minuten**

Pro Portion ca. 671 kcal, 40,8 g Fett,
38,7 g Kohlenhydrate, 35,5 g Eiweiß, 4,3 g Ballaststoffe

- 2 EL GEFRO Omega-3-Speiseöl
- GEFRO Gewürz-Pfeffer
- 1 EL GEFRO Suppe
- 4 Hähnchenkeulen, ohne Haut, à ca. 160 g
- 1 Gemüsezwiebel
- 400 g Karotten
- 120 g Naturreis
- 400 ml Wasser
- 300 g frische Ananas
- 50 g Cashewkerne

4 Hähnchenkeulen ohne Haut (à ca. 160 g) an der Oberseite leicht einschneiden. 1 EL GEFRO Omega-3-Speiseöl in einer Pfanne erhitzen und die Hähnchenkeulen darin von beiden Seiten kräftig anbraten. Die Keulen aus der Pfanne nehmen und mit GEFRO Gewürz-Pfeffer würzen.

1 Gemüsezwiebel und 400 g Karotten schälen und fein würfeln. 1 EL GEFRO Omega-3-Speiseöl in einem großen Topf oder einem Bräter erhitzen und die Gemüsewürfel darin anschwitzen. 120 g Naturreis zugeben, ebenfalls kurz andünsten und mit 400 ml Wasser ablöschen. Die Flüssigkeit erwärmen und 1 EL GEFRO Suppe unterrühren.

Die Hähnchenkeulen in den Topf geben und alles etwa 45 Min. bei geringer Temperatur mild köcheln lassen. Eventuell noch etwas Wasser nachgießen.

300 g frische Ananas würfeln und unter den gegarten Gemüsereis mengen. 50 g Cashewkerne in einer Pfanne ohne Fett leicht anrösten.

Den Reis auf Tellern anrichten und jeweils eine Hähnchenkeule darauf setzen. Mit den gerösteten Cashewkernen bestreuen.

Ofenhähnchen mit Tomaten, Kapern und Oliven

Zutaten für **4 Portionen**
Zubereitung ca. **50 Minuten**

Pro Portion ca. 667 kcal, 34,4 g Fett,
45,3 g Kohlenhydrate, 39,7 g Eiweiß, 9,5 g Ballaststoffe

- GEFRO Fleischwürze
- 1 EL GEFRO Omega-3-Speiseöl
- 2 EL GEFRO Tomatensoße
- 2 EL GEFRO Natives Olivenöl Extra
- 4 große Hähnchenkeulen
- 20 Kirschtomaten
- 1 kg Kartoffeln, festkochend, geschält
- 1 TL Kreuzkümmel, gemahlen
- Salz
- 100 g Kapern
- 100 g Kalamata Oliven, entsteint und halbiert
- 1 Bund Basilikum, gezupft

Den Backofen auf 200°C vorheizen. 4 große Hähnchenkeulen mit GEFRO Fleischwürze würzen.

In einem großen Topf oder einem Bräter 1 EL GEFRO Omega-3-Speiseöl bei mittlerer Temperatur erhitzen. Die Hähnchenkeulen darin von beiden Seiten etwa 2 Min. goldbraun anbraten. Die Hähnchenkeulen aus dem Topf nehmen, das Fett abgießen und 800 ml Wasser in dem Topf erwärmen. 2 EL GEFRO Tomatensoße einrühren und aufkochen. 20 Kirschtomaten halbieren und in den Topf geben, die Hähnchenkeulen dazugeben und alles bei mittlerer Temperatur etwa 30 Min. köcheln lassen bis das Hähnchenfleisch gar ist.

In der Zwischenzeit 1 kg festkochende Kartoffeln in etwa 2 cm große Würfel schneiden, mit 1 TL gemahlenem Kreuzkümmel, Salz und 2 EL GEFRO Natives Olivenöl Extra marinieren. Auf einem Backblech verteilen und für ca. 20 Min. in den Ofen geben. Die fertig gegarten Hähnchenkeulen aus dem Topf nehmen und 100 g Kapern, 100 g Kalamata Oliven (entsteint und halbiert) sowie 1 Bund gezupfte Basilikumblätter in der Tomatensoße erwärmen.

Die Soße über die Hähnchenkeulen geben und mit den Kümmelkartoffeln servieren.

Ofenhähnchen mit Tomaten,
Kapern und Oliven

Hühnchen "spicy" mit Bohnen und Graupen

Zutaten für **4 Portionen**
Zubereitung ca. **50 Minuten**

Pro Portion ca. 420 kcal, 12,5 g Fett,
31,5 g Kohlenhydrate, 44,7 g Eiweiß, 8,3 g Ballaststoffe

- ½ EL GEFRO BIO Würzmischung »Mexiko Chili«
- GEFRO Natives Olivenöl Extra
- 150 ml klare Brühe aus GEFRO Suppe
- 150 g Perlgraupen
- Salz
- 300 g Kidney Bohnen (Dose)
- 300 g Weiße Bohnen (Dose)
- 4 Stück Hühnchenbrust, ohne Haut
- 1 rote Chilischote
- 1 rote Paprika
- 1 Knoblauchzehe
- 1 Limette
- Pfeffer, frisch gemahlen
- 2 EL Petersilie, gehackt

150 g Perlgraupen in Salzwasser ca. 30 – 40 Min. kochen. 300 g Kidney Bohnen sowie 300 g Weiße Bohnen, jeweils aus der Dose und Perlgraupen auf ein Sieb gießen und mit kaltem Wasser abspülen. Den Ofen auf 160°C vorheizen.

½ EL GEFRO BIO Würzmischung »Mexiko Chili« mit 1 EL GEFRO Nativem Olivenöl Extra verrühren. 4 Hühnchenbruststücke ohne Haut darin marinieren. In einer Pfanne etwas GEFRO Natives Olivenöl Extra erhitzen und das Hühnchenfleisch von beiden Seiten jeweils 1 Min. anbraten. Je nach Größe der Hühnchenbruststücke für ca. 6 - 8 Minuten in den Ofen geben.

In der Zwischenzeit 1 rote Chilischote sowie 1 rote Paprika vierteln, entkernen und würfeln. 1 Knoblauchzehe schälen und fein hacken. In einem großen Topf etwas GEFRO Natives Olivenöl Extra erwärmen, Chili, Paprika und Knoblauch darin anschwitzen, mit 150 ml Brühe aus GEFRO Suppe ablöschen und aufkochen.

Die Bohnen und die Perlgraupen darin erwärmen. Mit dem Saft einer Limette, Pfeffer und eventuell etwas Salz abschmecken. 2 EL gehackte Petersilie untermengen.

Das Bohnengemüse mit etwas Fond auf Tellern anrichten. Die Hühnchenbruststücke aufschneiden und auf das Gemüse setzen.

Tipp: Wenn Sie die Hühnchenbruststücke mit einer Nadel anstechen und klarer Fleischsaft austritt, ist das Fleisch fertig gegart.

Kräuterhuhn mit Pilzen in cremiger Tomatensoße

Zutaten für **4 Portionen**
Zubereitung ca. **50 Minuten**

Pro Portion ca. 654 kcal, 56,2 g Fett,
9,6 g Kohlenhydrate, 29,9 g Eiweiß, 2,5 g Ballaststoffe

2 EL GEFRO Omega-3-Speiseöl
GEFRO Kräuterwürze
60 g GEFRO Tomatensoße
4 Hähnchenkeulen
2 Zwiebeln
400 ml Wasser
200 ml Sahne
200 g frische gemischte Pilze, geputzt
Zitronensaft, frisch gepresst
1 EL Petersilie, fein gehackt
1 EL Estragon, fein geschnitten

Den Backofen auf 180°C vorheizen. 4 Hähnchenkeulen am Gelenk in Ober- und Unterkeule teilen.
Beide Zwiebeln schälen, halbieren und in Streifen schneiden.

In einem Bräter oder Schmortopf 1 EL GEFRO Omega-3-Speiseöl erhitzen. Die Hähnchenteile darin von beiden Seiten kräftig anbraten und mit GEFRO Kräuterwürze verfeinern. Die Zwiebelstreifen mit in den Bräter geben und diesen für 15 Min. in den Ofen schieben.

In der Zwischenzeit 400 ml Wasser in einen Topf geben und erwärmen. 60 g GEFRO Tomatensoße einrühren und aufkochen. 200 ml Sahne unterrühren. Die Tomatensoße zu den Hähnchenteilen geben und diese weitere 15 Min. schmoren.

200 g frische gemischte, geputzte Pilze je nach Größe halbieren oder vierteln. 1 EL GEFRO Omega-3-Speiseöl in einer Pfanne erhitzen, die Pilze darin anbraten und mit GEFRO Kräuterwürze sowie etwas frisch gepresstem Zitronensaft abschmecken.
Die Pilze und 1 EL fein gehackte Petersilie sowie 1 EL fein geschnittenen Estragon zum Schmorhuhn geben und untermischen.

Weitere 5 Min. ziehen lassen, auf Tellern anrichten und sofort servieren.

Tipp: Als Beilage schmeckt ein knuspriges Knoblauchbaguette oder Butternudeln.

Indisches Grillhähnchen mit Mango-Chili-Soße

Zutaten für **4 Portionen**
Zubereitung ca. **60 Minuten**

Pro Portion ca. 412 kcal, 25,5 g Fett,
12,0 g Kohlenhydrate, 32,8 g Eiweiß, 1,7 g Ballaststoffe

1 EL GEFRO Natives Olivenöl Extra
GEFRO BIO Würzmischung »Indisch Curry«
80 ml klare Brühe aus GEFRO Suppe
GEFRO Omega-3-Speiseöl
4 Knoblauchzehen
3 EL Limettensaft, frisch gepresst
250 g Joghurt, 10 % Fett
4 Hähnchenbrustfilets, ohne Haut
1 kleine reife Mango
1 rote Chilischote
1 rote Zwiebel
2 EL Salatmayonnaise

Für die Marinade 4 Knoblauchzehen schälen und grob zerdrücken. Die zerdrückten Knoblauchzehen mit 1 EL GEFRO BIO Würzmischung »Indisch Curry«, 3 EL frisch gepressten Limettensaft und 250 g Joghurt, 10% Fett, vermischen.

4 Hähnchenbrustfilets ohne Haut jeweils in 4 gleichgroße Stücke schneiden und in eine Schüssel geben. Die Marinade zugeben und miteinander vermischen. Abgedeckt etwa 1 Stunde im Kühlschrank ziehen lassen.

In der Zwischenzeit 1 kleine reife Mango schälen und das Fruchtfleisch vom Kern schneiden. Das Fruchtfleisch in kleine Würfel schneiden. 1 rote Chilischote der Länge nach aufschneiden, die Kerne entfernen und vom Stiel befreien. Die Chilihälften in feine Streifen schneiden. Die rote Zwiebel schälen, halbieren und fein würfeln. 1 EL GEFRO Natives Olivenöl Extra in einer Pfanne erwärmen und die Mangowürfel, die Chilistreifen und die Zwiebelwürfel darin andünsten.

80 ml klare Brühe aus GEFRO Suppe zugießen und etwa 8 Minuten bei mittlerer Temperatur köcheln. In eine Schüssel geben, abkühlen lassen und dann die Salatmayonnaise unterrühren.

Das marinierte Hähnchenfleisch für etwa 4 Minuten auf den Grill geben und durchbraten. Nach 2 Minuten wenden. Das Indische Grillhähnchen mit der Mango-Chili-Soße servieren.

TIPP: Zum Indischen Grillhähnchen passt indisches Naan-Brot. Dieses erhalten Sie im asiatischen Feinkostladen oder im gut sortierten Supermarkt.
Das Naan-Brot bestreichen Sie mit etwas GEFRO Omega-3-Speiseöl und legen es auf den Grillrost bis es knusprig ist.

Hähnchenbrust auf warmem Kürbissalat mit Spinat und Feta

Zutaten für **4 Portionen**
Zubereitung ca. **45 Minuten**

Pro Portion ca. 411 kcal, 20,7 g Fett,
15,6 g Kohlenhydrate, 49,8 g Eiweiß, 4,8 g Ballaststoffe

2 EL GEFRO Natives Olivenöl Extra
1 TL GEFRO Suppe
GEFRO Fleischwürze
25 g GEFRO Gourmet Kürbis Cremesuppe
1 kg Hokkaidokürbis, entkernt
2 Schalotten
Abgeriebene Schale und Saft von
1 unbehandelten Orange
1 EL heller Balsamico- oder Obstessig
4 Hähnchenbrustfilets, ohne Haut
4 Zweige Thymian
200 g junge Spinatblätter/Spinatsalat, geputzt
150 g Feta-Käse, gewürfelt
30 g Pinienkerne, geröstet

Den Backofen auf 160°C vorheizen. 1 kg Hokkaidokürbis entkernt, mit der Schale in etwa 1 cm große Würfel schneiden. 2 Schalotten schälen und in feine Ringe schneiden. In einem Topf 1 EL GEFRO Natives Olivenöl Extra erhitzen und die Schalotten darin glasig andünsten. Die Kürbiswürfel zugeben und leicht anbraten. Mit dem Saft von einer Orange (unbehandelt) und 1 EL hellem Balsamico- oder Obstessig ablöschen.
100 ml Wasser zugießen und 1 TL GEFRO Suppe sowie die abgeriebene Orangenschale (von einer unbehandelten Orange) einrühren. Den Kürbis bei mittlerer Temperatur köcheln lassen bis er gar, jedoch noch leicht bissfest ist. Abkühlen lassen.

In der Zwischenzeit 1 EL GEFRO Natives Olivenöl Extra in einer Pfanne erhitzen und 4 Hähnchenbrüste darin von jeder Seite unter Beigabe von 4 Zweigen Thymian etwa 1 - 2 Min. anbraten. Die Hähnchenbrüste aus der Pfanne nehmen, mit GEFRO Fleischwürze verfeinern und mit dem Thymian in eine ofenfeste Form oder ein Backblech setzen. Für etwa 5-6 Min. im Ofen garen.

200 g junge Spinatblätter/Spinatsalat, geputzt, 150 g gewürfelten Fetakäse und 30 g geröstete Pinienkerne unter den Kürbis mengen. Für eine kräftige Kürbiscremesoße 25 g GEFRO Gourmet Kürbis Cremesuppe in 200 ml warmes Wasser einrühren und aufkochen.

Den Kürbis-Spinatsalat auf Tellern anrichten, die Hähnchenbrüste darauf verteilen und mit einem Thymianzweig garnieren. Etwas Kürbiscremesoße um den Salat ziehen.

Pfeffer-Zitronenhuhn

Zutaten für **4 Portionen**
Zubereitung ca. **45 Minuten**

Pro Portion ca. 480 kcal, 9,9 g Fett,
48,0 g Kohlenhydrate, 50,5 g Eiweiß, 4,1 g Ballaststoffe

- 2 TL GEFRO Gewürz-Pfeffer
- 25 g GEFRO Helle Soße
- 4 Hähnchenbrustfilets, mit Haut
- 2 EL GEFRO Omega-3-Speiseöl
- 2 EL Butter
- Abgeriebene Schale von 1 Bio-Zitrone
- Salz
- 300 g feine Bandnudeln
- 1 Stange Lauch
- 300 ml Milch, 1,5% Fett

Den Ofen auf 180°C vorheizen. Die Haut der Hähnchenbrustfilets (4 Filets) auf einer Seite leicht anheben und lösen. 2 EL Butter mit 2 TL GEFRO Gewürz-Pfeffer und der abgeriebenen Zitronenschale von 1 Bio-Zitrone kräftig verrühren. Die Buttermischung unter die Haut der Hähnchenbrustfilets streichen und die Haut wieder fest andrücken.

In einem Topf reichlich Salzwasser zum Kochen bringen. 2 EL GEFRO Omega-3-Speiseöl in einer Pfanne erhitzen und die Hähnchenbrustfilets mit der Hautseite zuerst darin anbraten, wenden und für etwa 10 - 12 Min. in den Ofen geben.

In der Zwischenzeit 300 g Bandnudeln im Salzwasser bissfest garen und auf ein Sieb abgießen. 1 Stange Lauch in feine Streifen schneiden und ebenfalls bissfest garen, herausnehmen und abtropfen lassen.

300 ml Milch (1,5% Fett) in einer großen Pfanne erwärmen, 25 g GEFRO Helle Soße einrühren und aufkochen.

Die Nudeln und den Lauch in der Soße schwenken und auf Teller anrichten. Die gegarten Hähnchenbrustfilets in Scheiben schneiden und auf die Nudeln setzen.

Tipp: Die Butter unter der Haut hält das Hühnerfleisch besonders saftig. Sie können auf diese Weise auch ein ganzes Brathähnchen zubereiten. Schneiden Sie einfach die Haut an der Unterseite der Hähnchenbrust und der Keulen ein und streichen die Zitronen-Gewürzpfeffer-Butter zwischen Fleisch und Haut.

Puten-Saltimbocca mit Olivenbutter

Zutaten für **4 Portionen**
Zubereitung ca. **45 Minuten**

Pro Portion ca. 551 kcal, 26,4 g Fett,
31,0 g Kohlenhydrate, 42,0 g Eiweiß, 5,5 g Ballaststoffe

- 2 EL GEFRO Natives Olivenöl Extra
- GEFRO Kräuterwürze
- 1 EL GEFRO Omega-3-Speiseöl
- GEFRO BIO Würzmischung »Bella Italia«
- 800 g kleine festkochende Kartoffeln, z.B. Drillinge
- 8 Putenschnitzel, à 80 g
- Salz und Pfeffer, frisch gemahlen
- 4 Zweige Salbei
- 8 Scheiben Parmaschinken oder Coppa di Parma
- 2 EL Butter
- 100 g entsteinte schwarze Oliven, gehackt
- 1 EL Zitronensaft
- 1 EL Petersilie, fein gehackt

Den Backofen auf 200 °C vorheizen. 800 g kleine, festkochende Kartoffeln, z.B. Drillinge in etwa 1,5 cm dicke Scheiben schneiden und in eine Schüssel geben. Mit 1 EL GEFRO Nativem Olivenöl Extra und GEFRO Kräuterwürze marinieren. Die Kartoffelscheiben gleichmäßig auf ein mit Backpapier ausgelegtes Ofenblech verteilen. Für ca. 20 Min. in den Ofen geben und garen.

8 Putenschnitzel (à 80 g) mit Salz und Pfeffer würzen, jeweils eine Salbeispitze darauf legen und mit je 1 Scheibe Parmaschinken oder Coppa di Parma bedecken. Den Schinken mit einem Zahnstocher fixieren. Die übrigen Salbeiblätter von den Zweigen zupfen.

1 EL GEFRO Omega-3-Speiseöl in einer Pfanne erhitzen und die Putenschnitzel mit den gezupften Salbeiblättern darin von beiden Seiten ca. 1 - 2 Min. braten.

2 EL Butter mit 1 EL GEFRO Nativem Olivenöl Extra in einem Topf schmelzen. 100 g entsteinte schwarze gehackte Oliven und 1 EL Zitronensaft zugeben und mit GEFRO BIO Würzmischung »Bella Italia« abschmecken.

1 EL fein gehackte Petersilie untermengen.
Die Kartoffelscheiben aus dem Ofen nehmen und auf Tellern anrichten. Die Puten-Saltimbocca daraufsetzen und mit der Olivenbutter überziehen.

Tipp: Achten Sie beim Kauf von Oliven auf ein natürlich gereiftes Produkt. Natürliche schwarze Oliven sind ausgereifte grüne Oliven. Diese sind in ihrer Farbe meist etwas schwarz-rötlich oder violett-braun. Die tiefschwarzen Oliven sind mit einem Lebensmittelzusatzstoff gefärbt.

Putenschnitzel auf Radieschen-Champignongemüse

Zutaten für **4 Portionen**
Zubereitung ca. **35 Minuten**

Pro Portion ca. 271 kcal, 8,7 g Fett, 4,5 g Kohlenhydrate, 42,8 g Eiweiß, 5,2 g Ballaststoffe

- 2 EL GEFRO Natives Olivenöl Extra
- GEFRO Salatwürze
- 1 EL GEFRO Omega-3-Speiseöl
- GEFRO Fleischwürze
- GEFRO Kräuterwürze
- 2 Bund Radieschen
- 300 g Champignons
- 8 Frühlingszwiebeln
- 400 g bunt gemischten Blattsalat, geputzt
- 6 EL Wasser, 2 EL Apfelessig
- 640 g Putenbrust (8 Schnitzel à 80 g)
- 2 TL Zitronensaft
- 1 EL Schnittlauch, fein geschnitten
- 1 EL Petersilie, fein geschnitten

2 Bund Radieschen sowie 300 g Champignons putzen und in feine Scheiben schneiden. 8 Frühlingszwiebeln putzen und in feine Ringe schneiden. 400 g bunt gemischten Blattsalat putzen und waschen.
Aus 4 EL Wasser, 2 EL GEFRO Nativem Olivenöl Extra und 2 EL Apfelessig ein Dressing rühren und mit GEFRO Salatwürze abschmecken.

1 EL GEFRO Omega-3-Speiseöl in einer Pfanne erhitzen und 8 Putenschnitzel (à 80 g) von jeder Seite etwa 2 Min. anbraten. Aus der Pfanne nehmen, mit GEFRO Fleischwürze würzen und warm halten.

Die Radieschen sowie die Champignons in die Pfanne geben, kurz anschwitzen, dann mit 2 EL Wasser und 2 TL Zitronensaft ablöschen. Die Frühlingszwiebeln untermischen und mit GEFRO Kräuterwürze abschmecken. Den Salat mit je 1 EL fein geschnittenem Schnittlauch und Petersilie vermengen und mit dem Dressing marinieren.

Das Radieschen-Champignongemüse auf Tellern anrichten und die Putenschnitzel darauf setzen. Mit dem Salat servieren.

Putenfricassee mit Erbsen und Champignons

Zutaten für **4 Portionen**
Zubereitung ca. **30 Minuten**

Pro Portion ca. 294 kcal, 9,5 g Fett,
9,1 g Kohlenhydrate, 41,8 g Eiweiß, 4,7 g Ballaststoffe

- 2 EL GEFRO Omega-3-Speiseöl
- 400 ml klare Brühe aus GEFRO Suppe
- 20 g GEFRO Helle Soße
- GEFRO Vollkornnudeln
- 1 Zwiebel
- 600 g Putenbrust
- 200 g helle Champignons
- 80 g tiefgekühlte grüne Erbsen, aufgetaut
- 60 g Schmand, 20% Fett
- 1 EL Zitronensaft, frisch gepresst
- 2 EL Petersilie, fein gehackt

1 Zwiebel schälen, halbieren und fein würfeln.
600 g Putenbrust in feine Streifen schneiden.
200 g helle Champignons vierteln.

In einem Topf 2 EL GEFRO Omega-3-Speiseöl erhitzen, Zwiebelwürfel und Putenstreifen hineingeben und andünsten.

400 ml klare Brühe aus GEFRO Suppe aufgießen und erwärmen. 20 g GEFRO Helle Soße einrühren, aufkochen und die Champignonviertel sowie die Erbsen zugeben. Etwa 6 Min. köcheln lassen.
60 g Schmand (20% Fett) einrühren und mit 1 EL frisch gepresstem Zitronensaft abschmecken.

2 EL fein gehackte Petersilie unterrühren und das Putenfrikassee mit einer Beilage nach Ihrem Geschmack servieren.

TIPP: Füllen Sie das Putenfricassee in Blätterteigpasteten oder reichen Sie als Beilage Reis oder GEFRO Vollkornnudeln.

Putenbrust mit Orangen-Preiselbeersoße und karamellisierten Petersilienwurzeln

Zutaten für **4 Portionen**
Zubereitung ca. **50 Minuten**

Pro Portion ca. 426 kcal, 15,0 g Fett,
24,2 g Kohlenhydrate, 47,1 g Eiweiß, 8,1 g Ballaststoffe

- 2 EL GEFRO BIO Dunkle Soße
- 2 EL GEFRO Omega-3-Speiseöl
- GEFRO Fleischwürze
- GEFRO Natives Olivenöl Extra
- 600 g Petersilienwurzeln, geschält
- Salz
- 400 ml Wasser
- Saft und abgeriebene Schale von 2 unbehandelten Orangen
- 200 g Preiselbeeren, eingelegt
- 4 Putenschnitzel, à ca. 180 g
- 2 EL Petersilie, fein gehackt
- Saft und abgeriebene Schale von 1 unbehandelten Zitrone
- 1 EL Butter
- 1 EL brauner Zucker

600 g geschälte Petersilienwurzeln in etwa 3 cm dicke Stücke schneiden. In kochendem Salzwasser nach Geschmack bissfest garen, auf ein Sieb geben und sofort mit kaltem Wasser abkühlen.

In einem Topf 400 ml Wasser zum Kochen bringen, 2 EL GEFRO BIO Dunkle Soße einrühren und aufkochen. Saft und Schale von 2 Orangen zugeben und etwa 3 Min. köcheln lassen. 200 g eingelegte Preiselbeeren auf einem Sieb abgießen und in die Soße geben.

In einer Pfanne 2 EL GEFRO Omega-3-Speiseöl erhitzen. 4 Putenschnitzel (à ca. 180 g) mit GEFRO Fleischwürze würzen und bei mittlerer Hitze von jeder Seite etwa 2 - 3 Min. anbraten. Die Schnitzel mit dem Saft einer unbehandelten Zitrone ablöschen und mit der Petersilie und der abgeriebenen Zitronenschale bestreuen. Warm halten.

In einem Topf 1 EL Butter erhitzen und aufschäumen lassen. Die Petersilienwurzeln zugeben, mit 1 EL braunem Zucker bestreuen und karamellisieren.

Die Schnitzel mit den Petersilienwurzeln auf Tellern anrichten und mit der Orangen-Preiselbeersoße servieren.

Tipp: Als Beilage eignen sich Blechkartoffeln. Diese sind ruck-zuck zubereitet und richtig lecker. Kleine Kartoffel halbieren und auf einem Backblech verteilen. Mit GEFRO Nativem Olivenöl Extra marinieren und mit Rosmarinnadeln und etwas Meersalz bestreuen. Bei 180°C etwa 20 Min. im Ofen garen.

Entenbrust auf Orangen-Lauchgemüse mit Kartoffelstampf

Zutaten für **4 Portionen**
Zubereitung ca. **40 Minuten**

Pro Portion ca. 571 kcal, 22,7 g Fett,
59,9 g Kohlenhydrate, 29,8 g Eiweiß, 15,3 g Ballaststoffe

- 2 TL GEFRO Honig Wald & Blüte
- 1 EL GEFRO Omega-3-Speiseöl
- GEFRO Fleischwürze
- 30 g GEFRO Gourmet Lauch Cremesuppe
- 600 g Lauch
- Salz
- 2 Orangen
- 500 g festkochende Kartoffeln, geschält
- 4 kleine Stück Entenbrust
- 2 TL körnigen Senf
- 1 EL Butter
- 1 EL Petersilie, fein gehackt
- 250 ml Wasser

Den Ofen auf 180°C vorheizen. 600 g Lauch putzen und in etwa 1 cm breite Ringe schneiden. In kochendem Salzwasser bissfest garen, herausnehmen und in kaltem Wasser abschrecken.

2 Orangen mit einem scharfen Messer schälen, so dass sie von der weißen Haut befreit sind.
Die Orangenfilets zwischen den Trennwänden herausschneiden und dabei den Saft auffangen. 500 g festkochende, geschälte Kartoffeln in kochendem Salzwasser garen, abschütten, zurück in den Topf geben, abdecken und warm halten.

4 kleine Entenbruststücke mit einem scharfen Messer in einem Abstand von 1 cm rautenförmig einschneiden. 2 TL GEFRO Honig Wald & Blüte mit 2 TL körnigem Senf vermengen. In einer Pfanne 1 EL GEFRO Omega-3-Speiseöl erhitzen und die Entenbruststücke mit der Fleischseite zuerst anbraten.
Auf die Hautseite drehen, Temperatur reduzieren und die Haut goldbraun werden lassen.

Die Entenbruststücke aus der Pfanne nehmen, auf ein Stück Alufolie setzen, mit GEFRO Fleischwürze verfeinern und die Fettseite mit der Honig-Senfmischung marinieren. Für etwa 5 Min. in den Ofen geben.

In der Zwischenzeit die Kartoffeln fein stampfen, 1 EL Butter in kleinen Flöckchen zugeben und 1 EL fein gehackte Petersilie untermischen.

30 g GEFRO Gourmet Lauch Cremesuppe in 250 ml kaltes Wasser einrühren, erhitzen und 3 Min. köcheln lassen. Den aufgefangenen Orangensaft und die Lauchringe zugeben. Die Orangenfilets vorsichtig unter das Lauchgemüse geben. Die Entenbruststücke aus dem Ofen nehmen, 3 Min. in der zusammengefalteten Alufolie ruhen lassen und dann in dünne Scheiben schneiden.

Das Orangen-Lauchgemüse auf Tellern anrichten und die aufgeschnittene Entenbrust darauf verteilen. Mit dem Kartoffelstampf servieren.

Tipp: Wem die Haut der Ente zu fettig ist, lässt diese vom Metzger entfernen. Achten Sie dann beim Garen darauf, dass Sie die Ente bevor Sie sie in den Ofen geben nur kurz anbraten, da sie sonst zu trocken wird.

Entenbrust mit Orangensoße und Sesam-Omelettes

Zutaten für **4 Portionen**
Zubereitung ca. **45 Minuten**

Pro Portion ca. 628 kcal, 47,2 g Fett,
10,2 g Kohlenhydrate, 41,2 g Eiweiß, 1,5 g Ballaststoffe

1 EL GEFRO Honig Wald & Blüte
3 EL GEFRO Omega-3-Speiseöl
1 TL GEFRO Fleischwürze
25 g GEFRO Helle Soße
4 Stück Entenbrust, á ca. 180 g, küchenfertig
1 EL Orangenmarmelade
2 TL Sesamsaat, geröstet
15 g Ingwerwurzel, frisch gerieben
1 EL Sojasoße
4 mittelgroße Eier
1 EL Koriandergrün, gehackt
12 Frühlingszwiebeln, geputzt
150 ml Milch
100 ml Orangensaft, frisch gepresst
Abgeriebene Schale von
1 unbehandelten Orange

Backofen auf 180°C vorheizen. Die Haut der 4 küchenfertigen Entenbruststücke (à ca. 180 g) mit einem scharfen Messer vorsichtig kreuzweise einschneiden. Das Fleisch in einer heißen Pfanne ohne zusätzliches Fett mit der Hautseite bei mittlerer Hitze ca. 2 Min. anbraten, umdrehen und ca. 2 Min. auf der Fleischseite braten. Entenbruststücke herausnehmen und mit der Fleischseite nach unten in eine Auflaufform setzen.

Aus 1 EL Orangenmarmelade, 1 EL GEFRO Honig Wald & Blüte und 1 TL GEFRO Fleischwürze eine Marinade rühren und die Fettseite damit kräftig einstreichen. Die Entenbruststücke im vorgeheizten Backofen etwa 12 - 15 Min. garen.

Aus 2 TL gerösteter Sesamsaat, 15 g geriebenem Ingwer, 1 EL Sojasoße, 4 mittelgroßen Eiern und 1 EL gehacktem Koriander eine Omelettemasse rühren. In einer beschichteten Pfanne 1 EL GEFRO Omega-3-Speiseöl erhitzen und nach und nach 8 kleine Sesam-Omelettes ausbacken.

2 EL GEFRO Omega-3-Speiseöl in der Pfanne erhitzen und 12 geputzte Frühlingszwiebeln darin anbraten.

150 ml Milch mit 100 ml Orangensaft und der Schale von 1 unbehandelten Orange in einem Topf erwärmen, 25 g GEFRO Helle Soße einrühren und aufkochen.

Die Entenbruststücke in dünne Scheiben schneiden und mit den Omelettes, den Frühlingszwiebeln und der Orangensoße auf Tellern anrichten.

Tipp: Für eine vegetarische Variante des Gerichts verwenden Sie an Stelle der Entenbruststücke geräucherten Tofu. Schneiden Sie diesen, wie das Fleisch, kreuzweise ein, braten ihn kräftig an und marinieren ihn mit der Orangen-Honigmarinade.

Fisch

Gegrillter Curry-Lachs mit frischer Mango-Gurken-Salsa oder knusprige Kokosgarnelen auf asiatischem Gemüsereis – wenn es etwas Besonders sein soll, dann darf es Fisch sein.

Aber auch die ernährungsbewusste Küche verzichtet nicht auf regelmäßigen Fischgenuss, denn Fisch ist so gesund wie edel. Der Meeresbewohner enthält, je nach Sorte, wertvolle Vitamine und Omega-3-Fettsäuren sowie wichtige Spurenelemente wie Jod und Selen. Fisch ist also nicht nur ein maritimes, kulinarisches Genuss-Erlebnis sondern auch ein wichtiges, beliebtes Grundnahrungsmittel.

Lachsfilet auf Curry-Mango-Wirsing

Lachsfilet auf Curry-Mango-Wirsing

Zutaten für **4 Portionen**
Zubereitung ca. **30 Minuten**

Pro Portion ca. 501 kcal, 33,0 g Fett,
15,7 g Kohlenhydrate, 33,7 g Eiweiß, 6,3 g Ballaststoffe

2 EL GEFRO Omega-3-Speiseöl
1 EL GEFRO BIO Würzmischung »Indisch Curry«
1 kleiner Wirsingkohl
1 Zwiebel
1 kleine Mango
250 ml Schlagsahne
4 Lachsfilets, à 150 g
2 EL Limettensaft
Salz
Pfeffer, frisch gemahlen

Die äußeren Blätter entfernen und 1 kleinen Wirsingkohl der Länge nach vierteln. Den Strunk herausschneiden und den Kohl in etwa 1 cm breite Streifen schneiden. 1 Zwiebel schälen und fein würfeln. 1 kleine Mango schälen und ebenfalls in etwa 1 cm große Würfel schneiden.

2 EL GEFRO Omega-3-Speiseöl in einem großen Topf oder einem Wok erhitzen und die Zwiebeln darin glasig anbraten. 1 EL GEFRO BIO Würzmischung »Indisch Curry« zugeben und kurz anrösten. Die Mango zugeben und den Kohl untermischen. 250 ml Sahne zugießen und etwa 6 Min. sanft köcheln lassen.

In der Zwischenzeit 4 Lachsfilets (à 150 g) mit 2 EL Limettensaft einreiben und kurz ziehen lassen. Mit Salz und Pfeffer würzen und auf den Wirsing setzen. Die Lachsfilets zugedeckt etwa 10 Min. ziehen lassen, während der Wirsing sanft weiterköchelt.

Tipp: Als Beilage zu diesem Gericht eignet sich besonders Basmatireis. Aber auch gekochte kleine Kartoffeln in etwas Öl angebraten und mit gehackter Petersilie verfeinert, sind eine wunderbare Ergänzung.

Lachsforelle auf Rahmlauch mit Kartoffelstampf

Zutaten für **4 Portionen**
Zubereitung ca. **45 Minuten**

Pro Portion ca. 533 kcal, 22,1 g Fett,
41,6 g Kohlenhydrate, 35,9 g Eiweiß, 8,0 g Ballaststoffe

50 g GEFRO Gourmet Lauch Cremesuppe
GEFRO Natives Olivenöl Extra
GEFRO Kräuterwürze
1 kg Kartoffeln, festkochend
1 Stange Lauch
300 ml Wasser
100 ml Sahne
4 kleine Lachsforellenfilets, küchenfertig mit Haut
Salz
Pfeffer, frisch gemahlen
2 EL Schnittlauch, in feine Röllchen geschnitten
Schnittlauchhalme zum Garnieren

1 kg festkochende Kartoffeln schälen, je nach Größe vierteln oder halbieren und in kochendem Salzwasser garen. Die weichgekochten Kartoffeln auf ein Sieb abgießen, wieder in den Topf geben und mit einem Deckel abdecken. Bis zur Verwendung warm halten. 1 Stange Lauch der Länge nach halbieren, die Enden entfernen, gründlich waschen und in Streifen schneiden.

In einem Topf 300 ml Wasser mit 100 ml Sahne vermengen, erwärmen und 50 g GEFRO Gourmet Lauch Cremesuppe einrühren. Lauch zugeben und ca. 5 Min. köcheln lassen.

4 kleine Forellenfilets (küchenfertig mit Haut) halbieren und mit etwas Salz und Pfeffer würzen. In einer großen Pfanne etwas GEFRO Natives Olivenöl Extra erhitzen und die Lachsforellenfilets darin mit der Hautseite nach unten etwa 3 Min. anbraten. Die Pfanne vom Herd nehmen, Fischfilets wenden und ziehen lassen. Die Kartoffeln mit etwas GEFRO Nativem Olivenöl Extra beträufeln und stampfen.

Den Kartoffelstampf mit GEFRO Kräuterwürze abschmecken. 2 EL Schnittlauchröllchen unter den Rahmlauch mengen.

Die Lachsforellenfilets mit dem Kartoffelstampf sowie dem Rahmlauch auf Tellern anrichten und mit Schnittlauchhalmen garnieren.

Lachsforelle auf Rahmlauch
mit Kartoffelstampf

Gegrillter Curry-Lachs mit Mango-Gurken-Salsa

Zutaten für **4 Portionen**
Zubereitung ca. **35 Minuten**

Pro Portion ca. 334 kcal, 15,5 g Fett,
18,6 g Kohlenhydrate, 28,0 g Eiweiß 3,3 g Ballaststoffe

1 EL GEFRO Natives Olivenöl Extra
1 TL GEFRO Suppe
GEFRO BIO Würzmischung »Indisch Curry«
1 Salatgurke
1 reife Mango
3 Frühlingszwiebeln, geputzt
1 rote Chilischote
Saft von 1 Limette
1 EL glatte Petersilie, fein gehackt
4 Lachssteaks, à ca. 160 g, küchenfertig ohne Haut

1 Salatgurke und 1 reife Mango schälen.
Die Salatgurke der Länge nach halbieren, mit Hilfe eines Löffels entkernen und in kleine Würfel schneiden. Das Fruchtfleisch der Mango vom Kern herunterschneiden und ebenfalls klein würfeln.

3 geputzte Frühlingszwiebeln in feine Ringe schneiden. 1 rote Chilischote der Länge nach halbieren, entkernen und sehr fein würfeln.
Alles in eine Schüssel geben und mit dem Saft von 1 Limette, 1 EL GEFRO Nativem Olivenöl Extra und 1 TL GEFRO Suppe abschmecken. 1 EL fein gehackte Petersilie untermengen.

4 Lachssteaks (à ca. 160 g, küchenfertig ohne Haut) mit GEFRO BIO Würzmischung »Indisch Curry« würzen und auf dem Grill oder in der Grillpfanne von beiden Seiten etwa 2 - 3 Min. garen. Der Lachs sollte innen noch etwas glasig sein, sonst ist er zu trocken.

Die Lachssteaks mit der Mango-Gurken-Salsa auf Tellern anrichten und servieren.

Gnocchi-Salat mit Lachs

Zutaten für **4 Portionen**
Zubereitung ca. **35 Minuten**

Pro Portion ca. 639 kcal, 15,5 g Fett,
95,5 g Kohlenhydrate, 27,3 g Eiweiß, 10,8 g Ballaststoffe

- 2 EL GEFRO Natives Olivenöl Extra
- GEFRO Salatwürze
- 500 g Kartoffel-Gnocchi, aus dem Kühlregal
- 200 g grüne Erbsen, tiefgekühlt
- 1 Bund Rucola
- 300 g frisches Lachsfilet, küchenfertig ohne Haut
- 1 Bio-Zitrone
- 150 g Joghurt, 10% Fett
- Salz

500 g Kartoffel-Gnocchi nach Packungsangabe garen, auf ein Sieb abgießen und gut abtropfen lassen. Gnocchi in eine große Salatschüssel geben. 200 g grüne, tiefgekühlte Erbsen auftauen und in die Salatschüssel geben.

1 Bund Rucola putzen, waschen und ebenfalls in die Schüssel geben. 300 g frisches Lachsfilet (küchenfertig ohne Haut) in etwa 1 cm große Würfel schneiden. Die Schale der Zitrone mit der Küchenreibe fein abreiben. Die Zitrone halbieren und den Saft einer Hälfte auspressen. Die abgeriebene Zitronenschale und den Zitronensaft mit 1 EL GEFRO Nativem Olivenöl Extra und 150 g Joghurt (10% Fett) verrühren und mit GEFRO Salatwürze abschmecken. Den Gnocchi-Salat mit dem Joghurtdressing marinieren.

1 EL GEFRO Natives Olivenöl Extra in einer beschichteten Pfanne erwärmen und die Lachswürfel darin anbraten. Mit einigen Tropfen Zitronensaft sowie etwas Salz würzen und aus der Pfanne nehmen.

Den Gnocchi-Salat in Schalen anrichten und die gebratenen Lachswürfel darauf verteilen.

Tipp: Zur Zubereitung für diesen Salat können anstatt des Lachsfilets auch Garnelen verwendet werden.

Lachsfilet in der Kartoffelkruste mit Zucchini-Olivensud

Zutaten für **4 Portionen**
Zubereitung ca. **50 Minuten**

Pro Portion ca. 511 kcal, 30,1 g Fett,
22,5 g Kohlenhydrate, 33,0 g Eiweiß, 6,7 g Ballaststoffe

4 EL GEFRO Natives Olivenöl Extra
1 TL GEFRO Suppe
GEFRO Kräuterwürze
2 Schalotten
4 kleine Zucchini
2 Tomaten
12 schwarze Oliven, entsteint
300 ml Wasser
4 EL frische Petersilie, fein gehackt
Saft von 1 Zitrone, frisch gepresst
2 Kartoffeln, festkochend
4 Lachsfilets, à 150 g, ohne Haut
Salz

2 Schalotten schälen und in feine Streifen schneiden, 4 kleine Zucchini putzen und in etwa 1 cm große Würfel schneiden. 2 Tomaten vierteln, Kerne entfernen und die Tomatenfilets würfeln.

12 entsteinte, schwarze Oliven hacken. In einer Pfanne 2 EL GEFRO Natives Olivenöl Extra erhitzen und die Zucchini darin anbraten. Die Schalotten zugeben und glasig angehen lassen. Mit 300 ml Wasser ablöschen und 1 TL GEFRO Suppe unterrühren.
Die Tomaten und die Oliven zugeben und köcheln bis die Zucchini weich sind, aber noch leichten Biss haben. 4 EL frische, fein gehackte Petersilie und den Saft von einer frisch gepressten Zitrone zugeben.

2 festkochende Kartoffeln schälen und in sehr dünne Scheiben schneiden. Die Scheiben wiederum in sehr dünne Streifen schneiden und mit GEFRO Kräuterwürze abschmecken.

4 Lachsfilets ohne Haut (à 150 g) mit Salz würzen und das Kartoffelstroh auf der Oberseite der Filets verteilen.
2 EL GEFRO Natives Olivenöl Extra in eine Pfanne geben und die Lachsfilets mit Hilfe eines Pfannenwenders mit der Kartoffelseite zuerst hineingeben.

So lange braten, bis die Kartoffeln goldbraun und knusprig sind. Die Lachsfilets umdrehen und auf der anderen Seite etwa 3 Min. fertig garen.

Die knusprigen Lachsfilets auf dem Zucchini-Olivensud anrichten.

Tipp: Schneiden Sie für den vollen Lachsgenuss das dunkle, tranige Fleisch auf der Hautseite vor dem Braten heraus.

Knusprige Kokosgarnelen auf asiatischem Gemüsereis

Zutaten für **4 Portionen**
Zubereitung ca. **45 Minuten**

Pro Portion ca. 596 kcal, 20,3 g Fett,
80,1 g Kohlenhydrate, 30,2 g Eiweiß, 7,0 g Ballaststoffe

GEFRO Suppe
2 EL GEFRO Omega-3-Speiseöl
GEFRO BIO Würzmischung »Indisch Curry«
500 g Riesengarnelen, küchenfertig
Salz
Pfeffer, frisch gemahlen
2 EL Mehl
20 g Kokosraspeln
80 g Cornflakes
2 Eier
400 ml Wasser
200 g Basmatireis
150 g Champignons
100 g Chinakohl
2 Karotten
1 rote Paprika
½ Ananas, geschält
2 Knoblauchzehen, fein gehackt
150 g Sojasprossen
2 EL Sojasoße
1 EL Koriandergrün, gehackt

500 g Riesengarnelen (küchenfertig) mit Salz und Pfeffer würzen und im Mehl wenden.
20 g Kokosraspeln und 80 g Cornflakes vermischen, dabei die Cornflakes zerbröseln. Die Garnelen durch die verquirlten Eier ziehen und mit der Kokos-Cornflakes-Mischung panieren. Beiseite stellen.

400 ml Wasser in einen Topf geben, zum Kochen bringen, mit Salz und etwas GEFRO Suppe würzen und 200 g Basmatireis darin bissfest garen. Auf ein Sieb geben und abtropfen lassen.

150 g Champignons putzen und in dünne Scheiben schneiden. 100 g Chinakohl, 2 Karotten und 1 rote Paprika in feine Streifen schneiden. ½ geschälte Ananas in 2 cm große Stücke schneiden.

In einer großen Pfanne oder einem Wok 1 EL GEFRO Omega-3-Speiseöl erhitzen und die Champignons sowie das Gemüse darin scharf anbraten. Ananas, 2 gehackte Knoblauchzehen, 150 g Sojasprossen und den Reis zugeben und weiter braten. Mit 2 EL Sojasoße und GEFRO BIO Würzmischung »Indisch Curry« würzen. 1 EL gehacktes Koriandergrün untermischen.

Die Garnelen in einer heißen Pfanne mit 1 EL GEFRO Omega-3-Speiseöl von jeder Seite knusprig anbraten.

Den Reis auf Tellern oder in Schalen anrichten und die Garnelen darauf verteilen.

Zanderfilet mit Pfefferkruste auf Gemüsenudeln

Zutaten für **4 Portionen**
Zubereitung ca. **45 Minuten**

Pro Portion ca. 609 kcal, 16,5 g Fett,
71,2 g Kohlenhydrate, 43,2 g Eiweiß, 10,8 g Ballaststoffe

1 EL GEFRO Natives Olivenöl Extra
GEFRO Kräuterwürze
1 TL GEFRO Gewürz-Pfeffer
400 g GEFRO Vollkorn Bandnudeln
100 ml klare Brühe aus GEFRO Suppe
600 g Zanderfilet, küchenfertig
ohne Gräten und Haut
1 TL Zitronensaft, frisch gepresst
2 EL weiche Butter
1 Eigelb
2 EL Semmelbrösel
2 EL Petersilie, fein gehackt
Salz
1 Karotte
1 Zucchini
½ Stange Lauch
1 EL Butter

Den Ofen auf 160°C vorheizen. 600 g Zanderfilet (küchenfertig ohne Gräten und Haut) in 4 gleich große Stücke schneiden. Eine ofenfeste Form mit 1 EL GEFRO Nativem Olivenöl Extra auspinseln.
Die Fischfilets hineinsetzen, mit 1 TL frisch gepresstem Zitronensaft beträufeln und mit etwas GEFRO Kräuterwürze verfeinern.

2 EL weiche Butter in eine Schüssel geben und schaumig aufschlagen. Zuerst 1 Eigelb, dann 2 EL Semmelbrösel, 1 TL GEFRO Gewürz-Pfeffer sowie 2 EL fein gehackte Petersilie untermengen.
Die Pfefferkruste dünn über die 4 Fischfilets verteilen und leicht andrücken.

400 g GEFRO Bandnudeln in reichlich Salzwasser nach Packungsanweisung garen und auf ein Sieb abgießen.

Die Fischfilets für etwa 15 Min. in den Ofen geben.

In der Zwischenzeit 1 Karotte, 1 Zucchini sowie eine halbe Stange Lauch putzen und in dünne Streifen schneiden.

1 EL Butter in einer Pfanne angehen lassen und die Gemüsestreifen darin andünsten. 100 ml klare Brühe aus GEFRO Suppe zugießen und das Gemüse bissfest garen. Die Nudeln untermengen und erwärmen.
Die Gemüsenudeln mit etwas GEFRO Kräuterwürze abschmecken.

Kabeljau mit Salatherzen in Kaperndressing

Zutaten für **4 Portionen**
Zubereitung ca. **30 Minuten**

Pro Portion ca. 308 kcal, 18,3 g Fett,
49,5 g Kohlenhydrate, 27,8 g Eiweiß, 2,9 g Ballaststoffe

- 100 ml klare Brühe aus GEFRO Suppe
- 5 EL GEFRO Natives Olivenöl Extra
- GEFRO Salatwürze
- 600 g Kabeljaufilet
- 4 Kopfsalat- oder Romanaherzen
- 2 EL Weißweinessig
- 1 EL grobkörnigen Dijonsenf
- 2 EL Kapern
- 1 Fleischtomate
- 2 EL glatte Petersilie, fein geschnitten
- Salz

600 g Kabeljaufilet in 8 gleichgroße Stücke schneiden. Die Salatherzen (Kopfsalat oder Romanaherzen) putzen und der Länge nach halbieren.

Aus 100 ml klarer Brühe aus GEFRO Suppe, 2 EL Weißweinessig, 3 EL GEFRO Nativem Olivenöl Extra und 1 EL grobkörnigem Dijonsenf ein Dressing rühren und mit GEFRO Salatwürze abschmecken. 2 EL Kapern zugeben.

1 Fleischtomate vierteln, entkernen und das Fruchtfleisch in feine Würfel schneiden. Die Tomatenwürfel und 2 EL glatte, fein geschnittene Petersilie ebenfalls in das Dressing geben. Die Kabeljaufilets mit etwas Salz würzen. 2 EL GEFRO Natives Olivenöl Extra in einer beschichteten Pfanne erwärmen, die Kabeljaufilets hineingeben und von jeder Seite etwa 2 - 3 Min. garen.

Die halbierten Salatherzen auf Tellern anrichten und die Kabeljaufilets daraufsetzen. Das Kaperndressing nochmals kräftig umrühren und über den Kabeljau und die Salatherzen geben. Sofort servieren.

Tipp: Die Gräten des Kabeljau sind sehr widerspenstig und schwer zu ziehen, fragen Sie daher Ihren Fischhändler nach sogenannten Kabeljau-Loins.
Hierbei handelt es sich um zugeschnittenes Kabeljaufilet ohne Gräten.

Steinbeißer auf provenzalische Art

Zutaten für **4 Portionen**
Zubereitung ca. **40 Minuten**

Pro Portion ca. 590 kcal, 27,8 g Fett,
42,7 g Kohlenhydrate, 39,2 g Eiweiß, 8,0 g Ballaststoffe

- 3 EL GEFRO Natives Olivenöl Extra
- 25 g GEFRO Tomatensoße
- 1 kg kleine Kartoffeln, festkochend
- 6 Thymianzweige
- Salz
- 600 g Steinbeißerfilet, küchenfertig ohne Gräten
- 1 Zwiebel
- 2 Knoblauchzehen
- 60 g schwarze Oliven, entsteint
- 1 Bio-Zitrone
- 60 g Pinienkerne
- 250 ml Wasser
- 2 EL Petersilie, fein gehackt
- 50 g Kapern

Den Ofen auf 180°C vorheizen. 1 kg kleine, festkochende Kartoffeln der Länge nach vierteln und mit 6 Thymianzweigen auf einem mit Backpapier ausgelegten Ofenblech verteilen. Mit etwas Salz würzen und mit 2 EL GEFRO Nativem Olivenöl Extra beträufeln. Die Kartoffeln für ca. 20 - 25 Min. in den Ofen schieben bis sie goldbraun und knusprig sind.

In der Zwischenzeit 600 g Steinbeißerfilet (küchenfertig ohne Gräten) in 4 gleichmäßige Stücke schneiden, mit etwas Salz würzen und in eine ofenfeste Form setzen.

1 Zwiebel und 2 Knoblauchzehen schälen.
Die Zwiebel halbieren und in feine Streifen schneiden.
Den Knoblauch in sehr dünne Scheiben schneiden.
60 g schwarze, entsteinte Oliven grob hacken.
Von 1 Bio-Zitrone die Zitronenschale mit einem Zestenreisser in feinen Streifen abschälen, ersatzweise mit einer Küchenreibe fein abreiben.

60 g Pinienkerne in einer Pfanne ohne Fett leicht anrösten. In einem Topf 1 EL GEFRO Natives Olivenöl Extra erwärmen und die Zwiebelstreifen sowie die Knoblauchscheiben darin andünsten. Mit 250 ml warmem Wasser ablöschen, 25 g GEFRO Tomatensoße einrühren, und aufkochen.

Gehackte Oliven, Zitronenzesten, die Pinienkerne, Petersilie sowie 50 g Kapern in die Soße geben und die Soße über den Fischfilets verteilen. Die Form für 10 Min. in den Ofen geben.

Die Fischfilets mit den Thymiankartoffeln servieren.

Fischragout mit Möhren und grünem Spargel

Zutaten für **4 Portionen**
Zubereitung ca. **40 Minuten**

Pro Portion ca. 396 kcal, 10,7 g Fett,
43,7 g Kohlenhydrate, 31,2 g Eiweiß, 30,3 g Ballaststoffe

- 60 g GEFRO Helle Soße
- GEFRO Kräuterwürze
- 300 g Lachsfilet, küchenfertig
- 200 g Seeteufelfilet, küchenfertig
- 200 g Möhren
- 1 Bund grüner Spargel
- 700 g kleine Kartoffeln, festkochend (Drillinge)
- Salz
- 500 ml Milch
- ½ Zitrone, frisch gepresst
- 1 EL Schnittlauch, fein geschnitten
- 1 TL Dill, fein gehackt
- GEFRO BIO Würzmischung »Indisch Curry« (Tipp)

300 g Lachsfilet sowie 200 g Seeteufelfilet (jeweils küchenfertig) in mundgerechte Stücke schneiden.
200 g Möhren schälen und in ca. 0,5 cm breite Scheiben schneiden. Bei einem Bund grünem Spargel die holzigen Enden entfernen und den Rest in ca. 4 cm lange Stücke schneiden. Die Karottenscheiben und die Spargelstücke in kochendem Salzwasser bissfest garen. Auf ein Sieb geben und mit kaltem Wasser abkühlen.
700 g kleine, festkochende Kartoffeln (Drillinge) ebenfalls in Salzwasser garen, schälen und warmhalten.

60 g GEFRO Helle Soße in 500 ml warme Milch einrühren und kurz aufkochen. Mit dem Saft einer halben Zitrone verrühren. Die kleingeschnittenen Fischfilets und das Gemüse in die Soße geben und etwa 5 Min. garziehen lassen. Mit etwas GEFRO Kräuterwürze abschmecken und die feinen Kräuter unterziehen.

Das Fischragout mit den Kartoffeln servieren.

Tipp: Bereiten Sie dieses Gericht anstatt des Fisch mit Garnelen zu. Verwenden Sie anstelle des Zitronensaft den Saft einer Limette und würzen Sie mit GEFRO BIO Würzmischung »Indisch Curry«. Als Beilage eignet sich dann ein Mix aus Basmati- und Wildreis.

Seeteufelragout mit grünem Spargel und Champignons

Zutaten für **4 Portionen**
Zubereitung ca. **40 Minuten**

Pro Portion ca. 412 kcal, 11,5 g Fett,
44,0 g Kohlenhydrate, 31,7 g Eiweiß, 5,0 g Ballaststoffe

- 45 g GEFRO Helle Soße
- GEFRO Natives Olivenöl Extra
- GEFRO Kräuterwürze
- 600 g Seeteufelfilet
- 1 Bund grünen Spargel
- Salz
- 4 Frühlingszwiebeln
- 100 g weiße Champignons
- 400 ml Milch, 1,5 % Fett
- 200 g Tagliatelle
- 4 Rispen Kirschtomaten

Den Ofen auf 160°C vorheizen. 600 g Seeteufelfilet in mundgerechte Stück schneiden. Die holzigen Enden vom Spargel abschneiden. 1 Bund Spargelstangen halbieren, in reichlich Salzwasser bissfest garen, auf ein Sieb geben und mit kaltem Wasser abkühlen.

4 Frühlingszwiebeln putzen und in feine Ringe schneiden. 100 g Champignons je nach Größe vierteln oder halbieren.

400 ml Milch, 1,5% Fett, in einen großen Topf geben und erwärmen. 45 g GEFRO Helle Soße in die Milch einrühren und aufkochen.

200 g Tagliatelle in reichlich Salzwasser bissfest garen und auf ein Sieb abgießen.

In der Zwischenzeit die Seeteufelstücke in einer Pfanne mit etwas GEFRO Nativem Olivenöl Extra kurz anbraten, aus der Pfanne nehmen und mit GEFRO Kräuterwürze würzen.

Die Kirschtomaten an der Rispe (4 Rispen) auf ein Backblech legen, mit etwas GEFRO Nativem Olivenöl Extra und Salz marinieren und für 6 Min. in den Ofen geben.

Champignons zur Soße geben, aufkochen, Spargel, Frühlingszwiebeln sowie die Seeteufelstücke zugeben und bei geringer Temperatur etwa 3 Min. ziehen lassen.

Tagliatelle auf Tellern verteilen, das Seeteufelragout dazu anrichten und mit jeweils einer Tomatenrispe garnieren.

Gegrilltes Thunfischsteak mit Limetten-Pfeffer-Butter

Zutaten für **4 Portionen**
Zubereitung ca. **25 Minuten**

Pro Portion ca. 481 kcal, 38,5 g Fett,
0,1 g Kohlenhydrate, 33,0 g Eiweiß, 0,0 g Ballaststoffe

- 1 EL GEFRO Gewürz-Pfeffer
- 4 Thunfischsteaks, à ca. 150 g
- Salz
- 100 g Butter, zimmerwarm
- abgeriebene Schale von 1 unbehandelten Limette
- 1 EL Limettensaft, frisch gepresst

4 Thunfischsteaks (à ca. 150 g) mit etwas Salz würzen. 100 g zimmerwarme Butter mit 1 EL GEFRO Gewürz-Pfeffer, der abgeriebenen Schale und dem frisch gepressten Saft einer Limette in eine Schüssel geben und mit dem Handrührgerät kräftig aufschlagen.

2 EL der Limetten-Pfeffer-Butter in einen Topf geben und schmelzen. Die Thunfischsteaks damit von beiden Seiten einstreichen und für etwa 10 Min. auf den Grill geben. Nach der Hälfte der Zeit wenden.

Die Steaks auf Tellern anrichten und die übrige Limetten-Pfeffer-Butter dazu reichen.

TIPP: Zum gegrillten Thunfischsteak passt ein scharf angemachter Reis- oder Couscoussalat.

Vegetarische Hauptgerichte

Gemüse, Nudeln & Co. überzeugen mit vollem Geschmack, raffinierten Variationen und gesunden Zutaten. Schnitzel ohne Fleisch, geht das denn? Ja, und wie - probieren Sie einfach 'mal das hervorragend schmeckende Zucchinischnitzel mit Kräuterquark und Mais-Tomatensalat. Aber auch kleine Köstlichkeiten wie Auberginenröllchen mit Knoblauch-Kräuterdip oder Möhrenrösti mit Ingwer-Orangen-Quark zeigen, wie lecker und abwechslungsreich sich die vegetarische Küche präsentiert. Guten Appetit!

Mörenrösti mit Ingwer-Orangen-Quark

Möhrenrösti mit Orangen-Quark

Zutaten für **4 Portionen**
Zubereitung ca. **25 Minuten**

Pro Portion ca. 611 kcal, 20,5 g Fett,
80,1 g Kohlenhydrate, 28,7 g Eiweiß, 12,9 g Ballaststoffe

GEFRO Kräuterwürze
3 EL GEFRO Omega-3-Speiseöl
GEFRO BIO Würzmischung »Mexiko Chili«
500 g Karotten
700 g Kartoffeln, festkochend
200 g Grünkern, fein geschrotet
100 g Semmelbrösel
2 mittelgroße Eier
300 g Quark, Magerstufe
300 g Joghurt, 1,5 % Fett
Abgeriebene Schale und Saft
von 1 unbehandelten Orange

500 g Karotten putzen, schälen und mittelfein raspeln. 700 g festkochende Kartoffeln schälen, mittelfein raspeln, auf ein Tuch geben und die Flüssigkeit gut ausdrücken. Karotten und Kartoffeln in eine Schüssel geben und mit GEFRO Kräuterwürze kräftig abschmecken. 200 g feinen Grünkernschrot sowie 100 g Semmelbrösel untermischen und mit 2 Eiern binden. Aus 2 EL Masse je ein Rösti formen.

3 EL GEFRO Omega-3-Speiseöl in einer Pfanne erhitzen und die Rösti darin knusprig ausbacken.

Den Quark und den Joghurt verrühren.
Mit Orangensaft und -schale einer unbehandelten Orange verrühren und mit GEFRO BIO Würzmischung »Mexiko Chili« abschmecken.

Die Möhrenrösti mit dem Orangen-Quark servieren.

Tipp: Im Frühjahr sind die zarten Bundmöhren mit ihrem aromatisch-süßlichen Geschmack auf dem Markt. Wenn Sie diese aufbewahren wollen, entfernen Sie das frische Grün, denn dieses entzieht der Möhre ihre Feuchtigkeit und lässt sie schneller welken.

Auberginentatar mit Röstbrot

Zutaten für **4 Portionen**
Zubereitung ca. **70 Minuten**

Pro Portion ca. 449 kcal, 25,4 g Fett,
46,5 g Kohlenhydrate, 6,4 g Eiweiß, 8,0 g Ballaststoffe

GEFRO Gewürz-Pfeffer
5 EL GEFRO Natives Olivenöl Extra
1 EL GEFRO Honig Wald & Blüte
2 mittelgroße Auberginen
2 Knoblauchzehen
10 grüne Oliven, entsteint
2 EL Kapern
80 ml Balsamicoessig
2 Zweige Basilikum
6 Scheiben Bauernbrot

Den Ofen auf 200°C vorheizen. 2 mittelgroße Auberginen mit dem Sparschäler schälen und fein würfeln. Die Auberginenwürfel in eine Auflaufform geben und mit GEFRO Gewürz-Pfeffer würzen.
3 EL GEFRO Natives Olivenöl Extra über die Auberginenwürfel geben und gut vermengen.

2 Knoblauchzehen schälen und fein hacken.
10 grüne, entsteinte Oliven grob hacken.
Den gehackten Knoblauch und die Oliven sowie 2 EL Kapern in die Auflaufform geben und gut mit den Auberginenwürfeln vermischen. Alles mit 80 ml Balsamicoessig und 1 EL GEFRO Honig Wald & Blüte marinieren.

Die Auflaufform mit Alufolie bedecken, für etwa 50 Min. in den Ofen geben und schmoren. Aus dem Ofen nehmen und lauwarm abkühlen lassen.
Die Basilikumblätter von den Zweigen (2 Zweige) zupfen, in feine Streifen schneiden und unter das Auberginentatar mischen.

Die Brotscheiben halbieren, mit 2 EL GEFRO Nativem Olivenöl Extra bepinseln und in einer Pfanne anrösten.

Das Auberginentatar mit dem warmen Röstbrot servieren.

Auberginentatar mit Röstbrot

Auberginenröllchen mit Knoblauch-Kräuterdip

Zutaten für **4 Portionen**
Zubereitung ca. **45 Minuten**

Pro Portion ca. 480 kcal, 28,9 g Fett,
39,4 g Kohlenhydrate, 13,9 g Eiweiß, 6,6 g Ballaststoffe

GEFRO BIO Würzmischung »Bella Italia«
2 EL GEFRO Natives Olivenöl Extra
GEFRO Kräuterwürze
2 große Auberginen
Salz
2 EL Pinienkerne
50 g Kapern
1 EL Rosinen
3 Knoblauchzehen
2 Fleischtomaten
100 g Semmelbrösel
50 g Parmesan, frisch gerieben
1 Ei
250 g Sauerrahm, 20 % Fett
1 EL Zitronensaft
6 Basilikumblätter

Den Backofen auf 180°C vorheizen.
2 große Auberginen in etwa 0,5 cm dicke Scheiben schneiden und leicht salzen.

2 EL Pinienkerne in einer Pfanne ohne Fett anrösten. 50 g Kapern, 1 EL Rosinen sowie die Pinienkerne sehr fein hacken und in eine Schüssel geben. 3 Knoblauchzehen schälen und ebenfalls fein hacken. Die Hälfte des Knoblauchs mit in die Schüssel geben, die andere Hälfte beiseite stellen.

2 Fleischtomaten häuten, vierteln und entkernen. Eine Hälfte der Tomatenfilets fein hacken und die andere würfeln. Die gehackten Tomaten mit 100 g Semmelbröseln und 50 g frisch geriebenem Parmesan ebenfalls mit in die Schüssel geben. Alles gut vermengen und 1 Ei unterrühren. Die Masse mit GEFRO BIO Würzmischung »Bella Italia« abschmecken. Die Auberginenscheiben mit der Masse einstreichen und zusammen rollen. Jeweils 4 Röllchen auf einen Spieß stecken.

2 EL GEFRO Natives Olivenöl Extra in einer Pfanne erwärmen und die Spieße darin von beiden Seiten anbraten.
Die Spieße auf ein mit Backpapier ausgelegtes Ofenblech setzen und die Tomatenwürfel darauf verteilen. Für etwa 15 Min. in den vorgeheizten Ofen geben.

In der Zwischenzeit aus dem verbliebenen Knoblauch, 250 g Sauerrahm (20% Fett) und 1 EL Zitronensaft einen Dip rühren. 6 Basilikumblätter fein zupfen, unter den Dip rühren und diesen mit GEFRO Kräuterwürze abschmecken.

Die Auberginenspieße mit dem Dip servieren.

Gratinierte Kohlrabischeiben

Zutaten für **4 Portionen**
Zubereitung ca. **40 Minuten**

Pro Portion ca. 193 kcal, 12,1 g Fett,
7,7 g Kohlenhydrate, 12,8 g Eiweiß, 1,7 g Ballaststoffe

- 1 EL GEFRO Suppe
- 25 g GEFRO Helle Soße
- 500 g Kohlrabi
- 2 Liter Wasser
- 2 Fleischtomaten
- 250 ml Milch, 1,5% Fett
- 2 Eigelbe
- 100 g Allgäuer Bergkäse
- 1 Bund Schnittlauch

Den Ofen auf 180°C vorheizen. 500 g Kohlrabi schälen und in etwa 1,5 cm dicke Scheiben schneiden.

In einem großen Topf 2 Liter Wasser erhitzen, 1 EL GEFRO Suppe einrühren und aufkochen. Die Kohlrabischeiben darin bissfest garen.

2 Fleischtomaten ebenfalls in 1,5 cm dicke Scheiben schneiden und abwechselnd mit den Kohlrabis in eine Auflaufform schichten. Mit etwas GEFRO Kräuterwürze würzen.

250 ml Milch (1,5% Fett) in einem Topf erwärmen, 25 g GEFRO Helle Soße einrühren und aufkochen. Die Soße etwas abkühlen lassen, 2 Eigelbe unterrühren und das Gemüse damit begießen.
100 g Allgäuer Bergkäse grob reiben und über der Soße verteilen. Das Kohlrabigratin für etwa 15 - 20 Min. in den Ofen geben.

1 Bund Schnittlauch in feine Röllchen schneiden und den gratinierten Kohlrabi damit bestreuen.

Tipp: Servieren Sie zum Gemüsegratin GEFRO Vollkorn-Bauernspätzle.

Gebackener Schafskäse mit Honig-Balsamicokarotten

Zutaten für **4 Portionen**
Zubereitung ca. **35 Minuten**

Pro Portion ca. 592 kcal, 37,2 g Fett,
36,9 g Kohlenhydrate, 27,4 g Eiweiß, 5,3 g Ballaststoffe

- 2 EL GEFRO Honig Wald & Blüte
- GEFRO Kräuterwürze
- 2 EL GEFRO Omega-3-Speiseöl
- 1 EL GEFRO Natives Olivenöl Extra
- 2 Eier
- 2 EL Wasser
- 4 Scheiben Schafskäse, à 120 g
- 3 EL Mehl
- 200 g Semmelbrösel
- 500 g junge Karotten
- 1 EL Butter
- Saft und abgeriebene Schale von 1 Bio-Orange
- 2 EL Balsamicoessig
- 1 EL glatte Petersilie, fein gehackt

2 Eier mit 2 EL Wasser in einer Schüssel verrühren. 4 Schafskäsescheiben in 3 EL Mehl wenden, durch die Eimasse ziehen und mit 200 g Semmelbröseln panieren.

500 g junge Karotten schälen, der Länge nach halbieren und in etwa 2 cm lange Stücke schneiden. Die Karottenstücke mit 1 EL Butter, 2 EL GEFRO Honig Wald & Blüte, dem Saft einer Bio-Orange und 2 EL Balsamicoessig in einen Topf geben.
Alles aufkochen, die Hitze reduzieren und im Topf mit Deckel etwa 10 Min. köcheln lassen. Die Karotten mit der Schale einer Bio-Orange und etwas GEFRO Kräuterwürze abschmecken.

2 EL GEFRO Omega-3-Speiseöl in einer großen Pfanne erhitzen und darin den panierten Schafskäse von beiden Seiten goldbraun backen.

Die Honig-Balsamicokarotten auf Tellern anrichten und mit 1 EL glatter, fein gehackter Petersilie bestreuen. Jeweils eine gebackene Schafskäsescheibe auf die Karotten setzen und servieren.

Tipp: Die Karotten eignen sich auch hervorragend als Salat. Schneiden Sie hierzu die Karotten in feine Streifen oder Scheiben und verwenden Sie anstatt der Butter 1 EL GEFRO Natives Olivenöl Extra. Die Garzeit richtet sich dann nach der Dicke der Karotten, diese sollten für einen Salat schön knackig sein.

Schafskäse mit Oliven und Tomaten in der Folie gegrillt

Zutaten für **4 Portionen**
Zubereitung ca. **30 Minuten**

Pro Portion ca. 550 kcal, 39,5 g Fett,
27,0 g Kohlenhydrate, 21,5 g Eiweiß, 12,6 g Ballaststoffe

GEFRO Natives Olvenöl Extra
GEFRO BIO Würzmischung »Bella Italia«
GEFRO Kräuterwürze
400 g Schafskäse
120 g Kirschtomaten
2 Knoblauchzehen
1 Zwiebel
100 g schwarze Oliven
4 Stücke Aluminiumfolie, doppellagig, 20 x 20 cm
4 Zweige Basilikum
12 Scheiben Ciabatta-Brot

400 g Schafskäse in 4 gleich dicke Scheiben schneiden. 120 g Kirschtomaten halbieren. 2 Knoblauchzehen schälen und fein hacken. Die Zwiebel schälen und fein würfeln. 100 g schwarze Oliven halbieren und den Stein entfernen.

Aus Aluminiumfolie 4 doppellagige 20 x 20 cm große Rechtecke zuschneiden. Die Folie mit etwas GEFRO Nativem Olivenöl Extra bestreichen. Jeweils eine Scheibe Schafskäse darauf setzen und diese mit etwas GEFRO BIO Würzmischung »Bella Italia« würzen.

Kirschtomaten, gehackten Knoblauch, die Zwiebelwürfel und halbierten Oliven sowie 3 EL GEFRO Natives Olivenöl in eine Schüssel geben und vermengen. Mit GEFRO Kräuterwürze abschmecken und auf dem Schafskäse verteilen.

Jeweils einen Basilikumzweig darauflegen und die Folie zu kompakten Päckchen verschließen.
Für etwa 10 Min. auf den Grillrost geben und grillen.
Das Ciabatta in Scheiben schneiden und mit etwas GEFRO Nativem Olivenöl Extra bepinseln. Für etwa 2 Min. von jeder Seite auf dem Grill rösten.

Broccoli in Curry-Mandelsoße

Zutaten für **4 Portionen**
Zubereitung ca. **45 Minuten**

Pro Portion ca. 460 kcal, 19,3 g Fett,
47,7 g Kohlenhydrate, 21,2 g Eiweiß, 16,7 g Ballaststoffe

- 1 EL GEFRO Omega-3-Speiseöl
- 40 g GEFRO Helle Soße
- GEFRO BIO Würzmischung »Indisch Curry«
- 1 kg Kartoffeln, festkochend
- 2 Zwiebeln
- 2 Knoblauchzehen
- 1 kg Broccoli
- Salz
- 300 g Kirschtomaten
- 80 g Mandeln, gehackt
- 400 ml Milch 1,5% Fett
- 100 g Schmand, 20% Fett

1 kg festkochende Kartoffeln schälen und in Würfel schneiden. 2 Zwiebeln schälen und in Streifen schneiden. 2 Knoblauchzehen schälen und fein hacken. 1 kg Broccoli putzen und in Röschen teilen.

Die Kartoffelwürfel und die Broccoliröschen getrennt voneinander in kochendem Salzwasser bissfest garen, auf ein Sieb abgießen und mit kaltem Wasser abschrecken. 300 g Kirschtomaten halbieren.

1 EL GEFRO Omega-3-Speiseöl in einem Topf erhitzen. Die Zwiebelstreifen und den gehackten Knoblauch im Öl andünsten. 80 g gehackte Mandeln in einer Pfanne ohne Fett leicht anrösten und in den Topf geben.

400 ml Milch (1,5% Fett) aufgießen, erwärmen, 40 g GEFRO Helle Soße einrühren, aufkochen und 3 Min. köcheln lassen. 100 g Schmand (20% Fett) unterrühren und die Soße mit GEFRO BIO Würzmischung »Indisch Curry« würzen.

Die halbierten Kirschtomaten, die Broccoliröschen und die Kartoffelwürfel in die Mandel-Currysoße geben und erwärmen.

Auf Tellern anrichten und servieren.

Sesambanane mit Curryreis und Joghurtdip

Zutaten für **4 Portionen**
Zubereitung ca. **35 Minuten**

Pro Portion ca. 810 kcal, 23,8 g Fett,
126,5 g Kohlenhydrate, 20,4 g Eiweiß, 6,3 g Ballaststoffe

1 EL GEFRO Suppe
GEFRO BIO Würzmischung »Indisch Curry«
3 EL GEFRO Omega-3-Speiseöl
1 EL Butter
400 g Basmatireis
800 ml Wasser
4 große Bananen
3 EL Mehl
2 Eier · Salz
1 EL Sesamsaat
1 EL Kokosflocken
100 g Semmelbrösel
400 g Joghurt, 3,5% Fett
1 TL Zitronensaft, frisch gepresst

1 EL Butter in einem Topf erwärmen, 400 g Basmatireis zugeben und glasig andünsten. Mit 800 ml warmem Wasser ablöschen und 1 EL GEFRO Suppe sowie 1 EL GEFRO BIO Würzmischung »Indisch Curry« einrühren. Den Reis köcheln lassen bis er die ganze Flüssigkeit aufgenommen hat, gelegentlich umrühren.

4 große Bananen schälen, der Länge nach halbieren und in 3 EL Mehl wälzen. 2 Eier aufschlagen und mit 2 EL Wasser verrühren. 1 EL Sesamsaat, 1 EL Kokosflocken und 100 g Semmelbrösel miteinander vermischen. Die Bananen durch die Eiermasse ziehen und mit der Sesammischung panieren.

Die panierten Bananenhälften nach und nach in einer großen beschichteten Pfanne in 3 EL heißem GEFRO Omega-3-Speiseöl ausbacken. 400 g Joghurt (3,5% Fett) mit Zitronensaft und Salz abschmecken.

Den Curryreis mit den Sesambananen auf Tellern anrichten und mit dem Joghurtdip servieren.

Gratinierter Spargel mit Pfeffer-Hollandaise

Zutaten für **4 Portionen**
Zubereitung ca. **60 Minuten**

Pro Portion ca. 612 kcal, 37,5 g Fett,
56,9 g Kohlenhydrate, 18,8 g Eiweiß, 13,3 g Ballaststoffe

- 50 g GEFRO BIO Sauce Hollandaise
- 2 EL GEFRO Omega-3-Speiseöl
- GEFRO Kräuterwürze
- 1 kg neue Kartoffeln
- 1 kg weißer Spargel
- 1 kg grüner Spargel
- Salz
- 2 Scheiben unbehandelte Zitrone
- 1 EL Butter
- 1 TL Zucker
- 300 ml Wasser
- 150 g kalte Butter
- 20 g eingelegter grüner Pfeffer
- 1 EL Kerbel, fein geschnitten

1 kg neue Kartoffeln in reichlich Salzwasser garen, etwas auskühlen lassen und schälen.
In der Zwischenzeit 1 kg weißen Spargel schälen und die holzigen Enden abschneiden. Vom grünen Spargel (1 kg) ebenfalls die holzigen Enden abschneiden.

In einem großen Topf reichlich Salzwasser zum Kochen bringen, 2 Scheiben einer unbehandelten Zitrone, 1 EL Butter sowie 1 TL Zucker hineingeben und den Spargel getrennt voneinander bissfest garen. Auf einem Sieb abtropfen lassen und in eine ofenfeste Form geben.

300 ml kaltes Wasser in einen Topf geben, 50 g GEFRO BIO Sauce Hollandaise einrühren und unter ständigem Rühren aufkochen. 150 g kalte Butter in Würfel schneiden und unterrühren, bis sie geschmolzen ist.

20 g eingelegten grünen Pfeffer in ein feines Sieb geben und unter fließendem kalten Wasser abspülen. Die Pfefferkörner unter die Sauce Hollandaise mischen und diese über dem Spargel verteilen.

Den Ofengrill vorheizen und den Spargel darunter ganz nach Geschmack goldgelb gratinieren.

2 EL GEFRO Omega-3-Speiseöl in einer großen beschichteten Pfanne erhitzen, die Kartoffeln darin anbraten und mit GEFRO Kräuterwürze würzen.

Den gratinierten Spargel mit 1 EL gehacktem Kerbel bestreuen und mit den gebratenen Kartoffeln servieren.

Tipp: GEFRO BIO Sauce Hollandaise mit etwas abgeriebener Zitronenschale sowie etwas Zitronensaft abschmecken. So erhalten Sie eine frische Variante des Soßenklassikers, der prima zum Spargel passt.

Kalorienbewusste können die Buttermenge reduzieren und nach Geschmack entsprechend fettarme Milch verwenden.

Mandel-Broccoli mit Allgäuer Käsesoße und Petersilienkartoffeln

Zutaten für **4 Portionen**
Zubereitung ca. **45 Minuten**

Pro Portion ca. 483 kcal, 18,2 g Fett,
53,7 g Kohlenhydrate, 23,7 g Eiweiß, 14,9 g Ballaststoffe

100 ml kräftige, klare Brühe aus GEFRO Suppe
40 g GEFRO Helle Soße
1 EL GEFRO Omega-3-Speiseöl
GEFRO Kräuterwürze
1 kg kleine festkochende Kartoffeln, etwa Drillinge
Salz
1 kg Broccoliröschen
40 g Mandeln gehobelt
1 EL Butter
400 ml Milch, 1,5% Fett
60 g Allgäuer Bergkäse, fein gerieben
2 EL glatte Petersilie, fein gehackt

1 kg kleine, festkochende Kartoffeln, z.B. Drillinge, in Salzwasser garen, auf ein Sieb abgießen und etwas abkühlen lassen.

In der Zwischenzeit 1 kg Broccoliröschen ebenfalls in reichlich Salzwasser bissfest garen, auf ein Sieb geben und mit kaltem Wasser abkühlen. Die Kartoffeln schälen.

40 g gehobelte Mandelblättchen in einer Pfanne ohne Fett goldbraun anrösten. 1 EL Butter mit 100 ml kräftiger, klarer Brühe aus GEFRO Suppe in einen Topf geben und aufkochen. Den Broccoli zugeben und darin erwärmen. Die Mandelblättchen unter den Brokkoli mengen.

400 ml Milch (1,5% Fett) in einem Topf erhitzen, 40 g GEFRO Helle Soße einrühren und aufkochen. Die Soße vom Herd nehmen und 60 g Allgäuer Bergkäse einrühren.

1 EL GEFRO Omega-3-Speiseöl in einer großen beschichteten Pfanne erhitzen und die Kartoffeln darin anbraten.
Mit GEFRO Kräuterwürze abschmecken und mit 2 EL gehackter Petersilie bestreuen.

Den Brokkoli auf Tellern anrichten und mit der Allgäuer Käsesoße und den Petersilienkartoffeln servieren.

Schnelle Lasagne mit Spinat und Pilzen

Vegetarische Pizzaschnecken

Vollkornspaghetti „Bolognese“
mit Oliven und Ricotta

Spitzpaprika
mit Ziegenkäse-Couscous
und Lauchsoße

Schnelle Lasagne mit Spinat und Pilzen

Zutaten für **4 Portionen**
Zubereitung ca. **15 Minuten**

Pro Portion ca. 311 kcal, 14,0 g Fett,
28,8 g Kohlenhydrate, 17,0 g Eiweiß, 5,3 g Ballaststoffe

- 120 g GEFRO Sauce Bolognese
- 200 g Champignons
- 200 g Austernpilze
- 1 EL Butter
- 12 Salbeiblätter
- 150 g kleine Spinatblätter, gewaschen und geputzt
- Salz
- 500 ml Wasser
- 8 grüne Lasagneblätter
- 80 g Parmesan, frisch gerieben

200 g Champignons in dünne Scheiben schneiden. 200 g Austernpilze je nach Größe vierteln oder halbieren.

1 EL Butter in einer Pfanne erhitzen, 12 Salbeiblätter zugeben und die Pilze darin anschwitzen. 150 g kleine Spinatblätter zugeben, durchschwenken und mit etwas Salz würzen.

120 g GEFRO Sauce Bolognese in 500 ml kaltes Wasser einrühren, aufkochen und 3 Min. köcheln lassen.

8 grüne Lasagneblätter in kochendem Wasser bissfest garen, abtropfen lassen und mit einem Messer quer halbieren.

Auf Tellern jeweils abwechselnd ein halbiertes Lasagneblatt mit Spinat-Pilzmischung und Bolognese schichten. Mit einem Lasagneblatt enden und dieses mit Parmesan bestreuen.

Tipp: Anstatt der Pilze eignet sich auch gebratenes Gemüse als Füllung für diese „Blitz"lasagne.

Vegetarische Pizzaschnecken

Zutaten für **12 Stück**
Zubereitung ca. **25 Minuten**

Pro Stück ca. 136 kcal, 6,0 g Fett,
11,2 g Kohlenhydrate, 6,4 g Eiweiß, 1,2 g Ballaststoffe

- 100 g GEFRO Sauce Bolognese
- 300 ml Wasser
- 1 Packung Pizzateig (300 g), aus dem Kühlregal
- 100 g Parmesan, frisch gerieben

Den Ofen auf 180°C vorheizen.
Ein Ofenblech mit Backpapier auslegen.

300 ml kaltes Wasser in einen Topf geben, 100 g GEFRO Sauce Bolognese einrühren, unter ständigem Rühren aufkochen und 3 Min. köcheln lassen. Die Soße abkühlen lassen.

Den Pizzateig aufrollen und 2/3 des Teigs mit der Bolognesesoße bestreichen. Den Teig mit der Hälfte des Parmesans bestreuen und von der Soßenseite her aufrollen.

Die Teigrolle in etwa 2 cm dicke Schnecken schneiden, diese auf das Backblech setzen und mit dem restlichen Parmesan bestreuen. Für etwa 20 - 25 Min. im Ofen backen.

Die Schnecken warm oder kalt servieren.

Vollkornspaghetti „Bolognese“ mit Oliven und Ricotta

Zutaten für **4 Portionen**
Zubereitung ca. **25 Minuten**

Pro Portion ca. 628 kcal, 7,4 g Fett,
97,1 g Kohlenhydrate, 23,9 g Eiweiß, 15,0 g Ballaststoffe

500 g GEFRO Vollkornspaghetti
120 g GEFRO Sauce Bolognese
500 ml Wasser
10 getrocknete Tomaten
10 schwarze Oliven, entsteint
10 Basilikumblätter
100 g Ricotta
1 Bio-Zitrone
GEFRO Natives Olivenöl Extra (Tipp)

500 GEFRO Vollkornspaghetti in reichlich kochendem Salzwasser ca. 8 Minuten garen. Auf ein Sieb abgießen und abtropfen lassen.

In der Zwischenzeit 120 g GEFRO Sauce Bolognese in 500 ml kaltes Wasser einrühren und aufkochen. 2 - 3 Min. köcheln lassen.

10 getrocknete Tomaten sowie 10 schwarze, entsteinte Oliven halbieren und mit 10 Basilikumblättern unter die GEFRO Sauce Bolognese mengen.

Die Spaghetti auf Pastatellern anrichten, die Soße darüber geben und 100 g Ricotta darauf verteilen. Über jeden Teller etwas Zitronenschale raspeln.

Tipp: Verfeinern Sie die Soße mit etwas GEFRO Nativem Olivenöl Extra, das verleiht ihr einen besonders nussig-fruchtigen Geschmack.

Spitzpaprika mit Ziegenkäse-Couscous und Lauchsoße

Zutaten für **4 Portionen**
Zubereitung ca. **50 Minuten**

Pro Portion ca. 411 kcal, 15,7 g Fett,
46,8 g Kohlenhydrate, 18,8 g Eiweiß, 9,3 g Ballaststoffe

250 ml klare Brühe aus GEFRO Suppe
GEFRO BIO Würzmischung »Africa Style«
25 g GEFRO Gourmet Lauch Cremesupe
4 Spitzpaprika
200 g Couscous
300 g Ziegenfrischkäse
2 EL Pinienkerne
1 EL glatte Petersilie, fein gehackt
1 Eigelb
200 ml Milch, 1,5% Fett

Den Backofen auf 200°C vorheizen. 4 Spitzpaprika an einer Seite der Länge nach so aufschneiden, dass eine Tasche entsteht. Vorsichtig, mit Hilfe eines Löffels, die Kerne entfernen. Paprika auf ein Backblech setzen und 10 Min. im vorgeheizten Ofen schmoren.

In der Zwischenzeit 200 g Couscous in eine Schüssel geben, mit 250 ml heißer, klarer Brühe aus GEFRO Suppe übergießen und quellen lassen.
300 g Ziegenfrischkäse fein zerbröseln und zum Couscous geben.

2 EL Pinienkerne in einer Pfanne ohne Fett goldbraun anrösten und mit 1 EL gehackter Petersilie unter den Couscous mengen. 1 Eigelb unterrühren und die Masse mit GEFRO BIO Würzmischung »Africa Style« abschmecken. Spitzpaprika aus dem Ofen nehmen, etwas abkühlen lassen und mit der Couscousmasse füllen. Die gefüllten Paprika nochmals für 15 Min. in den Ofen geben.

Für die Lauchsoße 200 ml kalte Milch (1,5% Fett) in einen Topf geben, 25 g GEFRO Gourmet Lauch Cremesuppe einrühren und aufkochen.

Die Lauchsoße auf Tellern verteilen, jeweils eine Spitzpaprika darauf anrichten und servieren.

Tomaten-Basilikum-Omelette

Zutaten für **4 Portionen**
Zubereitung ca. **35 Minuten**

Pro Portion ca. 252 kcal, 18,0 g Fett,
4,1 g Kohlenhydrate, 19,7 g Eiweiß, 0,6 g Ballaststoffe

1 EL GEFRO Natives Olivenöl Extra
GEFRO BIO Würzmischung »Bella Italia«
250 g Kirschtomaten
2 Zweige Basilikum
6 Eier, Kl. M
6 EL Milch, 1,5 % Fett
50 g Parmesan, frisch gerieben

Den Backofen auf 200°C vorheizen.
250 g Kirschtomaten halbieren.

8 ofenfeste Förmchen mit einem Durchmesser von etwa 10 cm mit 1 EL GEFRO Nativem Olivenöl Extra einfetten.

Die Blätter von 2 Basilikumzweigen zupfen.
6 Eier (Kl. M) mit 6 EL Milch (1,5% Fett) kräftig verquirlen und 50 g frisch geriebenen Parmesan untermengen. Mit GEFRO BIO Würzmischung »Bella Italia« abschmecken.

Die halbierten Kirschtomaten mit den Basilikumblättern auf die Förmchen verteilen und mit der Eiermasse begießen. Die Förmchen sollten zu 2/3 mit der Eiermasse gefüllt sein. Die Tomaten-Basilikum-Omelettes für 20 Min. in den Ofen geben.

Herausnehmen und sofort servieren.

TIPP: Die Omelettes eignen sich als schneller Snack oder als Ergänzung zu einem ausgedehnten Frühstück oder Brunch. Die kleinen Omelett-Törtchen lassen sich prima vorbereiten und sind Ruck-Zuck im Ofen zubereitet. Sie können die Zutaten ganz nach Ihrem Geschmack variieren. Probieren Sie beispielsweise eine Variation mit geräuchertem Lachs und Schnittlauch.

Zucchinischnitzel mit Kräuterquark und Mais-Tomatensalat

Zutaten für **4 Portionen**
Zubereitung ca. **35 Minuten**

Pro Portion ca. 359 kcal, 17,0 g Fett,
32,8 g Kohlenhydrate, 18,0 g Eiweiß, 3,9 g Ballaststoffe

GEFRO Kräuterwürze
5 EL GEFRO Omega-3-Speiseöl
GEFRO Salatwürze
2 mittelgroße Zucchini
etwas Zitronensaft, frisch gepresst
Salz, 2 Eier, 4 EL Mehl
100 g Paniermehl
400 g Quark, 20% Fett
2 EL Schnittlauch, fein geschnitten
200 g Mais, aus der Dose
2 Fleischtomaten,
1 rote Zwiebel
2 EL Balsamicoessig

2 mittelgroße Zucchini längs in etwa 1 cm dicke Scheiben schneiden, jeweils mit etwas frisch gepresstem Zitronensaft bestreichen und mit Salz würzen.

2 Eier verquirlen und 4 EL Mehl sowie 100 g Paniermehl auf einen Teller geben. Die Zucchinischeiben erst im Mehl dann im Ei und zuletzt im Paniermehl wenden.

400 g Quark (20% Fett) in eine Schüssel geben, glattrühren und mit etwas Zitronensaft sowie mit GEFRO Kräuterwürze abschmecken. 2 EL fein geschnittenen Schnittlauch untermengen.

200 g Mais aus der Dose auf ein Sieb geben und abtropfen. 2 Fleischtomaten vierteln, entkernen und die Tomatenfilets würfeln. 1 rote Zwiebel schälen und ebenfalls würfeln. Mais, Tomatenwürfel und Zwiebelwürfel in eine Schüssel geben und mit 2 EL Balsamicoessig sowie 2 EL GEFRO Omega-3-Speiseöl marinieren. Den Maissalat mit GEFRO Salatwürze abschmecken.

3 EL GEFRO Omega-3-Speiseöl in einer Pfanne erhitzen und die Zucchinischeiben darin goldbraun ausbacken.

Penne mit Zucchini und Rucola

Zutaten für **4 Portionen**
Zubereitung ca. **30 Minuten**

Pro Portion ca. 613 kcal, 22,0 g Fett,
76,7 g Kohlenhydrate, 22,9 g Eiweiß, 9,0 g Ballaststoffe

50 g GEFRO Tomatensoße
GEFRO Natives Olivenöl Extra
400 g Penne rigate
Salz
2 kleine Zucchini
150 g schwarze Oliven, entsteint
500 ml Wasser
100 g Rucola, geputzt
80 g Parmesan, frisch gehobelt

400 g Penne rigate in reichlich Salzwasser bissfest garen und auf ein Sieb abgießen.

2 kleine Zucchini jeweils von den Enden befreien und der Länge nach halbieren. Mit dem Sparschäler feine Streifen von den Zucchinihälften ziehen.
150 g schwarze, entsteinte Oliven halbieren.

50 g GEFRO Tomatensoße in 500 ml warmes Wasser einrühren und aufkochen. Die Zucchinistreifen in die Soße geben und 1 Min. köcheln lassen. Penne und Oliven in die Soße geben und gut durchschwenken.

Die Penne in Pastateller anrichten und 100 g geputzten Rucola sowie 80 g frisch gehobelten Parmesan darauf verteilen. Mit etwas GEFRO Nativem Olivenöl Extra beträufeln.

Quiche mit Karotten und Petersilienwurzeln

Zutaten für **12 Stück**
Zubereitung ca. **60 Minuten**

Pro Portion ca. 246 kcal, 14,9 g Fett,
19,2 g Kohlenhydrate, 7,6 g Eiweiß, 3,6 g Ballaststoffe

- 2 EL GEFRO Omega-3-Speiseöl
- GEFRO Suppe
- 1 Quicheteig, fertig aus dem Kühlregal
- 500 g Karotten
- 500 g Petersilienwurzeln
- 2 Zwiebeln
- 200 g Saure Sahne, 20% Fett
- 100 g Ziegenfrischkäse
- 2 mittelgroße Eier
- 80 g Allgäuer Bergkäse, gerieben

Den Backofen auf 200°C vorheizen. Eine Quicheform mit 1 EL GEFRO Omega-3-Speiseöl einfetten und die Form mit dem fertigen Quicheteig auslegen, dabei einen hohen Rand formen. Den Teig komplett mit einer Gabel mehrfach einstechen und im Ofen ca. 10 Min. vorbacken.

500 g Karotten sowie 500 g Petersilienwurzeln schälen und in dünne Scheiben schneiden. 2 Zwiebeln ebenfalls schälen und in feine Streifen schneiden. 1 EL GEFRO Omega-3-Speiseöl in einer großen Pfanne erhitzen und das Gemüse darin ca. 10 Min. andünsten.

200 g Saure Sahne (20% Fett) mit 100 g Ziegenfrischkäse sowie 2 mittelgroßen Eiern glattrühren und mit GEFRO Suppe abschmecken. Das Gemüse auf dem Teig verteilen und mit der Eiermasse begießen.

Die Quiche mit 80 g geriebenem Allgäuer Bergkäse bestreuen und für etwa 40 Min. im Ofen backen. Nach 20 Min. die Temperatur auf 160°C reduzieren.

Tipp: Zur Zubereitung dieser Quiche eignet sich auch wunderbar grüner Spargel. Wem der Ziegenkäse zu kräftig ist, verwendet stattdessen einen milden Schafskäse.

Marinierter Grill-Tofu mit asiatischem Sprossengemüse

Gegrillter Tofu auf Tomatensalat mit Avocado-Bohnen-Relish

Marinierter Grill-Tofu mit asiatischem Sprossengemüse

Zutaten für **4 Portionen**
Zubereitung ca. **70 Minuten**

Pro Portion ca. 378 kcal, 26,5 g Fett,
6,3 g Kohlenhydrate, 28,2 g Eiweiß, 4,5 g Ballaststoffe

- 5 EL GEFRO Omega-3-Speiseöl
- GEFRO BIO Würzmischung »Indisch Curry«
- 600 g Tofu
- 4 EL Sojasoße
- 2 EL Limettensaft, frisch gepresst
- 4 Knoblauchzehen
- 1 gelbe Paprika
- 1 rote Zwiebel
- 100 g getrocknete Mu-Err Pilze, eingeweicht
- 1 Bund Frühlingszwiebeln
- 1 rote Chilischote
- 3 EL frisches Koriandergrün, grob gehackt
- 150 g Sojasprossen

600 g Tofu in 4 etwa 1 cm dicke Scheiben schneiden und auf einen großen Teller oder Auflaufform legen.

4 EL Sojasoße mit 3 EL GEFRO Omega-3-Speiseöl und 2 EL frisch gepresstem Limettensaft vermischen. 4 Knoblauchzehen schälen und zerdrücken. Die Marinade und die Knoblauchzehen über den Tofu geben und diesen abgedeckt etwa 1 Stunde ziehen lassen. Nach der Hälfte der Zeit einmal wenden.

1 gelbe Paprika halbieren, Kerne und Strunk entfernen und die Paprikahälften in feine Streifen schneiden. Die rote Zwiebel schälen und in feine Ringe schneiden. 100 g eingeweichte Mu-Err Pilze grob hacken. 1 Bund Frühlingszwiebeln putzen, der Länge nach halbieren und schräg in Streifen schneiden. 1 rote Chilischote ebenfalls der Länge nach halbieren, die Kerne entfernen und die Schotenhälften in dünne Streifen schneiden.

2 EL GEFRO Omega-3-Speiseöl in eine Grillschale geben. Das Gemüse miteinander vermischen und mit GEFRO BIO Würzmischung »Indisch Curry« würzen. In die Grillschale geben und auf dem Grill etwa 10 Minuten garen. Mit dem Koriandergrün bestreuen. Den marinierten Tofu auf den Grill geben und von jeder Seite etwa 2 - 3 Min. grillen.

Mit dem asiatischem Sprossengemüse auf Tellern anrichten und sofort servieren.

Gegrillter Tofu auf Tomatensalat mit Avocado-Bohnen-Relish

Zutaten für **4 Portionen**
Zubereitung ca. **35 Minuten**

Pro Portion ca. 370 kcal, 9,9 g Fett,
8,7 g Kohlenhydrate, 20,0 g Eiweiß, 5,5 g Ballaststoffe

- 4 EL GEFRO Natives Olivenöl Extra
- GEFRO BIO Würzmischung »Mexiko Chili«
- GEFRO Salatwürze
- 1 Avocado
- 1 EL Limettensaft, frisch gepresst
- 1 rote Zwiebel
- 100 g schwarze Bohnen, (Dose)
- ½ Bund Koriander
- 4 Fleischtomaten
- 3 EL Wasser und 1 EL Obstessig
- 4 Scheiben Tofu, à 100 g
- Salz, Pfeffer, frisch gemahlen

Für das Relish 1 Avocado halbieren, den Kern und die Schale entfernen. Das Fruchtfleisch fein würfeln, in eine Schüssel geben und mit 1 EL frisch gepresstem Limettensaft sowie 1 EL GEFRO Nativem Olivenöl Extra marinieren. 1 rote Zwiebel schälen und ebenfalls fein würfeln.

100 g schwarze Bohnen aus der Dose auf ein Sieb abgießen und mit warmem Wasser abspülen. Zwiebelwürfel und Bohnen mit den Avocadowürfeln vermengen. Die Blättchen von ½ Bund Korianderzweigen zupfen, grob hacken und unter das Relish mengen. Mit GEFRO BIO Würzmischung »Mexiko Chili« abschmecken und etwas ziehen lassen.

In der Zwischenzeit 4 Fleischtomaten in etwa 0,5 cm dicke Scheiben schneiden und auf Tellern kreisförmig anrichten.

Aus 3 EL Wasser, 1 EL Obstessig und 2 EL GEFRO Nativem Olivenöl Extra ein Dressing rühren und mit GEFRO Salatwürze abschmecken.

Die Tomatenscheiben mit dem Dressing marinieren, 4 Tofuscheiben mit etwas GEFRO Nativem Olivenöl Extra einstreichen und auf dem Grill oder in der Grillpfanne grillen. Den Tofu mit Salz und frisch gemahlenem Pfeffer würzen und auf dem Tomatensalat anrichten.

Mit dem Avocado-Bohnen-Relish servieren.

Pfannkuchen mit Spinat und Ricotta gefüllt

Zutaten für **4 Portionen**
Zubereitung ca. **40 Minuten**

Pro Portion ca. 481 kcal, 20,3 g Fett,
40,5 g Kohlenhydrate, 31,0 g Eiweiß 8,4 g Ballaststoffe

GEFRO Kräuterwürze
2 EL GEFRO Omega-3-Speiseöl
40 g GEFRO Helle Soße
GEFRO Suppe
220 g Mehl
150 ml Milch
2 mittelgroße Eier
1 kg jungen Blattspinat
Salz
250 ml Milch, 1,5 % Fett
200 g Ricotta
150 g Bergkäse, gerieben

Den Ofen auf 200°C vorheizen. 220 g Mehl in eine Schüssel geben und mit 150 ml Milch (1,5% Fett) glatt rühren. 2 mittelgroße Eier unterrühren und den Teig mit GEFRO Kräuterwürze abschmecken.

Eine beschichtete Pfanne mit etwas GEFRO Omega-3-Speiseöl (insgesamt 2 EL) auspinseln und nach und nach 4 Pfannkuchen ausbacken.

1 kg jungen Blattspinat für ca. 30 Sekunden in kochendes Salzwasser geben bis er zusammenfällt, auf ein Sieb abgießen und mit kaltem Wasser abkühlen. Den Spinat gut ausdrücken und so vom überschüssigen Wasser befreien.

250 ml Milch (1,5% Fett) erwärmen, 40 g GEFRO Helle Soße einrühren und unter ständigem Rühren aufkochen. Die Soße etwas abkühlen lassen, dann 200 g Ricotta einrühren und den Spinat untermengen. Mit etwas GEFRO Suppe abschmecken.

Die Pfannkuchen mit der Spinat-Ricottamasse füllen und zusammenrollen. Die Pfannkuchenrollen in eine ofenfeste Form setzen und mit 150 g geriebenem Bergkäse bestreuen. Ca. 15 - 20 Min. im Ofen überbacken.

Tipp: Verwenden Sie Instantmehl für die Pfannkuchen. Dieses verklumpt nicht und es entsteht sofort ein sehr glatter, geschmeidiger Teig.

Camembertecken in Haselnusskruste mit gebratenen Birnen

Zutaten für **4 Portionen**
Zubereitung ca. **30 Minuten**

Pro Portion ca. 462 kcal, 30,7 g Fett,
29,5 g Kohlenhydrate, 19,2 g Eiweiß, 5,1 g Ballaststoffe

4 EL GEFRO Omega-3-Speiseöl
GEFRO Salatwürze
250 g Camembert, rund
1 Ei
3 EL Haselnüsse, gemahlen
2 EL Semmelbrösel
1 EL Mehl
3 Birnen, mittelgroß
1 EL Preiselbeeren
1 EL Weissweinessig, 3 EL Wasser
1 Bund Rucola, geputzt

250 g runden Camembert in 8 gleichgroße Ecken schneiden. 1 Ei verquirlen. 3 EL gemahlene Haselnüsse mit 2 EL Semmelbröseln vermischen. Camembertecken in 1 EL Mehl wälzen, durch die Eimasse ziehen und mit den Haselnussbröseln panieren.

3 mittelgroße Birnen vierteln und entkernen. In einer Pfanne 1 EL GEFRO Omega-3-Speiseöl erhitzen und die Birnen darin anbraten.

Die Birnen aus der Pfanne nehmen, einen weiteren EL GEFRO Omega-3-Speiseöl zugeben und erhitzen. Die Camembertecken in dem Öl knusprig goldgelb ausbacken.

Für den geputzten Rucola (1 Bund) aus 1 EL Preiselbeeren, 1 EL Weissweinessig, 3 EL Wasser und 2 EL GEFRO Omega-3-Speiseöl eine Vinaigrette rühren und mit GEFRO Salatwürze abschmecken.

Den Rucolasalat auf Tellern verteilen und mit der Preiselbeervinaigrette marinieren. Die gebratenen Birnen und die gebackenen Camembertecken darauf anrichten und servieren.

Pfannkuchen mit Spinat und Ricotta gefüllt

Camembertecken in Haselnusskruste mit gebratenen Birnen

Gebrannte Honig-Vanille-Creme

Desserts

Sie sind einfach himmlisch gut, diese süßen Verführer, denen keiner widerstehen kann. Sie krönen jedes Menü, sind aber auch sonst ein traumhafter Genuss. Klassische Creme-Desserts die auf der Zunge zergehen erfreuen den Gaumen ebenso, wie erfrischend kühle Parfaits, die besonders an heißen Sommertagen sehr beliebt sind. Ganz zu schweigen vom italienischen Kult-Klassiker Pannacotta mit frischer Minzpesto oder einem Stück Kuchen zum Kaffee…

Gebrannte Honig-Vanille-Creme

Zutaten für **4 Portionen**
Zubereitung ca. **60 Minuten**
Abkühlzeit ca. **5 Stunden**

Pro Portion ca. 329 kcal, 22,9 g Fett,
23,8 g Kohlenhydrate, 7,5 g Eiweiß, 0,0 g Ballaststoffe

- 40 g GEFRO Honig Wald & Blüte
- 200 ml Milch
- 1 Sternanis
- 1 Vanilleschote
- 200 ml Sahne
- 20 g Zucker
- 4 Eigelb
- Etwa 2 EL braunen Zucker

Den Ofen auf 120°C vorheizen. 200 ml Milch mit 1 Sternanis in einen Topf geben. 1 Vanilleschote der Länge nach aufschneiden und das Mark herauskratzen.

Das Vanillemark und die ausgekratzte Schote zur Milch geben. Die Milch kurz aufkochen, 200 ml Sahne, 40 g GEFRO Honig Wald & Blüte und 20 g Zucker zugeben und erneut kurz aufwallen lassen.
Etwa 15 Min. ziehen lassen und durch ein feines Sieb passieren. Die Masse lauwarm abkühlen lassen.
4 Eigelb unterrühren und die Masse in vier ofenfeste Förmchen füllen.

Ein Ofenblech mit einem Küchenhandtuch auslegen, mit Wasser auffüllen bis das Handtuch mit Wasser bedeckt ist. Die Förmchen auf das Blech setzen und die Creme für etwa 50 - 60 Min. im Ofen stocken lassen.

Die Creme aus dem Ofen nehmen, erkalten lassen und am besten über Nacht in den Kühlschrank stellen.

Die Creme vor dem Servieren mit ca. 2 EL braunem Zucker bestreuen und unter dem Ofengrill oder mit einem Gasbrenner karamellisieren.

Honig-Kirsch-Pannacotta mit Minzpesto

Zutaten für **4 Portionen**
Zubereitung ca. **25 Minuten plus Kühlzeit**

Pro Portion ca. 274 kcal, 15,0 g Fett,
24,5 g Kohlenhydrate, 6,4 g Eiweiß, 2,4 g Ballaststoffe

- 2 EL GEFRO Honig Wald & Blüte
- 5 Blatt Gelatine
- 1 Vanilleschote
- 200 ml Kirschsaft
- 200 ml Sahne
- 200 g Kirschen, entsteint und halbiert
- 1 Bund Minze
- 1 EL Zucker
- 60 g Mandeln, gehackt
- 1 EL Zitronensaft, frisch gepresst

5 Blatt Gelatine in kaltem Wasser einweichen. Das Mark aus 1 Vanilleschote kratzen und mit 100 ml Kirschsaft erwärmen. Die ausgedrückte Gelatine darin auf lösen und den restlichen Kirschsaft (100 ml) einrühren. Den Saft mit 200 ml Sahne vermischen und die Hälfte der halbierten Kirschen (100 g) zugeben.

2 EL GEFRO Honig Wald & Blüte unterrühren. Die Pannacotta-Masse in kleine Förmchen oder Espressotassen füllen und kalt stellen.

Für die süße Pesto die Minzeblätter (1 Bund) von den Stielen zupfen. Dabei einige schöne Blätter zurückhalten für die Garnitur.

1 EL Zucker in 2 EL kochendem Wasser auflösen und kalt stellen. 60 g gehackte Mandeln in einer Pfanne ohne Fett rösten.

Die Minzblätter mit den Mandeln, 1 EL frisch gepresstem Zitronensaft und dem Zuckersirup im Mixer oder mit dem Pürierstab zu einer glatten Pesto verarbeiten.

Die Pannacotta aus den Formen lösen. Dazu die Form kurz in sehr heißes Wasser tauchen und dann stürzen.

Mit der Minzpesto auf Tellern anrichten und mit den übrigen Kirschen und der Minze garnieren.

Honig-Kirsch-Pannacotta
mit Minzpesto

Honigparfait mit Grapefruitsalat

Zutaten für **6 Portionen**
Zubereitung ca. **40 Minuten**
Gefrierzeit: **über Nacht**

Pro Portion ca. 385 kcal, 22,3 g Fett,
37,7 g Kohlenhydrate, 7,6 g Eiweiß, 1,6 g Ballaststoffe

- GEFRO Honig Wald & Blüte
- 6 Eigelb
- 100 ml Milch, 1,5% Fett
- 300 ml Schlagsahne
- 80 g Haselnusskrokant
- 2 rosa Grapefruits
- 1 gelbe Grapefruit
- 1 TL Zucker
- 6 Minzeblätter

6 Eigelb, 100 ml Milch, 1,5% Fett und 100 g GEFRO Honig Wald & Blüte in eine Metallschüssel geben.

In einem passenden Topf Wasser zum Sieden bringen. Die Metallschüssel auf den Topf setzen und die Eiermasse mit einem Schneebesen über dem heißen Wasserdampf dick und cremig aufschlagen.
Das Wasser darf dabei nicht kochen, da sonst das Ei stockt und klumpig wird.

Die cremige Masse vom Topf nehmen und unter gelegentlichem Schlagen mit dem Schneebesen erkalten lassen.

300 ml Schlagsahne steif schlagen und nach und nach vorsichtig und locker unter die Eiermasse heben.
80 g Haselnusskrokant unterziehen, dabei etwa 2 EL für die Garnitur zurückhalten.

Das Honigparfait in kleine Sturzförmchen oder in eine mit Klarsichtfolie ausgelegte Form füllen. Über Nacht gefrieren lassen.

2 rosa und 1 gelbe Grapefruit mit einem Messer schälen, dabei auch die weiße Haut wegschneiden.
Die Grapefruitfilets zwischen den Trennhäuten herausschneiden, dabei den abtropfenden Saft mit einer Schüssel auffangen.

1 TL Zucker mit dem Grapefruitsaft in einen Topf geben, aufkochen und so lange köcheln, bis sich die Flüssigkeit um die Hälfte reduziert hat. Die Grapefruitfilets damit marinieren.

6 Minzeblätter in feine Streifen schneiden.
Die marinierten Grapefruitfilets auf Tellern anrichten und mit den Minzestreifen bestreuen. Das Parfait darauf setzen und mit dem restlichen Krokant bestreuen. Sofort servieren.

Zitronen-Honigricotta mit gerösteten Pinienkernen

Zutaten für **4 Portionen**
Zubereitung ca. **20 Minuten**

Pro Portion ca. 314 kcal, 18,8 g Fett,
15,2 g Kohlenhydrate, 18,9 g Eiweiß, 1,2 g Ballaststoffe

- 2 EL GEFRO Honig Wald & Blüte
- 500 g Ricotta
- 1 EL Puderzucker
- 1 Bio-Zitrone
- 1 TL Zucker
- 1 EL Zitronensaft
- 1 EL Wasser
- 50 g Pinienkerne
- 8 Cantuccini (Italienisches Mandelgebäck)

500 g Ricotta mit 2 EL GEFRO Honig Wald & Blüte sowie 1 EL gesiebtem Puderzucker verrühren. Die Schale von 1 BIO-Zitrone mit einem Zestenreisser abschälen und den Saft der Zitrone auspressen. 1 EL Zitronensaft unter die Ricottamasse rühren.

Die Zitronenzesten mit 1 TL Zucker, 1 EL Zitronensaft und 1 EL Wasser in einen Topf geben und so lange bei geringer Temperatur köcheln lassen, bis die Flüssigkeit zu einem dicken Sirup eingekocht ist. Die Zitronenzesten aus dem Sirup nehmen, etwas abtropfen lassen und auf einem Teller abkühlen.

In der Zwischenzeit 50 g Pinienkerne in einer Pfanne ohne Fett rösten. 4 Cantuccini fein zerbröseln. Die Ricottamasse in Gläser füllen und mit den Cantuccinibröseln sowie den gerösteten Pinienkernen bestreuen.

Die Ricottagläschen mit den übrigen ganzen Cantuccini sowie den kandierten Zitronenzesten garnieren.

Tipp: Wer keinen Zestenreisser zur Hand hat, der schält die Zitronenschale mit dem Sparschäler ganz dünn ab. Achten Sie dabei darauf, dass Sie möglichst wenig weiße Haut mit abschälen, sonst sind die Zesten sehr bitter im Geschmack.
Dann schneiden Sie die Schale mit einem scharfen Messer in sehr feine Streifen und kandieren diese wie beschrieben.

Birnenkrapfen mit Honig-Brombeereis

Zutaten für **4 Portionen**
Zubereitung ca. **30 Minuten**

Pro Portion ca. 478 kcal, 21,0 g Fett,
61,5 g Kohlenhydrate, 11,5 g Eiweiß, 9,7 g Ballaststoffe

- 2 EL GEFRO Honig Wald & Blüte
- GEFRO Pflanzenfett
- 250 g Mehl
- 1 TL Backpulver
- 2 TL Puderzucker
- 250 ml Milch
- 1 Ei
- 350 g Brombeeren, tiefgekühlt
- 1 EL Puderzucker
- 1 EL Limettensaft, frisch gepresst
- 2 - 3 Birnen

200 g Mehl mit 1 TL Backpulver und 2 TL Puderzucker vermischen und in eine Schüssel sieben. Mit 250 ml Milch zu einem glatten Teig verarbeiten und 1 Ei unterrühren.

Für das Eis die noch tiefgekühlten Brombeeren (350 g) mit 2 EL GEFRO Honig Wald & Blüte, 1 EL Puderzucker sowie 1 EL frisch gepresstem Limettensaft in ein hohes Gefäß geben und mit dem Mixstab fein pürieren.
Das Honig-Brombeereis bis zum Anrichten in das Tiefkühlfach stellen.

2 - 3 Birnen längs in jeweils 6 etwa 1 cm dicke Scheiben schneiden und das Kerngehäuse ausstechen.
Die Scheiben im restlichen Mehl wenden, durch den Backteig ziehen und im heißen GEFRO Pflanzenfett ausbacken. Auf einem mit Küchenkrepp ausgelegtem Teller abtropfen lassen.

Die Birnenkrapfen mit dem Honig-Brombeereis auf Tellern anrichten.

Tipp: Für eine besonders frische Note mixen sie einige Blättchen Minze oder Zitronenmelisse unter das Honig-Brombeereis.

Birnen-Joghurtkuchen mit Haselnüssen

Zutaten für **12 Stück** (Springform Ø 26 cm.)
Zubereitung ca. **50 Minuten**

Pro Portion ca. 150 kcal, 4,1 g Fett,
25,2 g Kohlenhydrate, 3,3 g Eiweiß, 2,0 g Ballaststoffe

3 EL GEFRO Omega-3-Speiseöl
700 g reife Birnen
3 Eier, Kl. M
80 g Zucker
Abgeriebene Schale und Saft von ½ Bio-Zitrone
160 g Joghurt, 1,5% Fett
170 g Weizenmehl, Type 405
2 TL Backpulver
50 g Haselnüsse, gehackt

Den Backofen auf 160°C vorheizen. Den Boden der Springform mit etwas GEFRO Omega-3-Speiseöl leicht einfetten.

Eine Birne schälen und in kleine Würfel schneiden. Die übrigen Birnen ebenfalls schälen, vierteln und an der Oberseite, der Länge nach, drei mal einschneiden. Den Saft einer halben Biozitrone in eine Schüssel mit kaltem Wasser geben und die Birnenstücke darin einlegen.

Für den Teig 3 Eier (Kl. M) in einer Schüssel mit dem Rührgerät weißschaumig aufschlagen und 80 g Zucker dabei einrieseln lassen. Die abgeriebene Schale einer halben Bio-Zitrone, 160 g Joghurt (1,5% Fett) und 2 EL GEFRO Omega-3-Speiseöl unterrühren.
170 g Weizenmehl (Type 405) mit 2 TL Backpulver vermischen und zügig auf niedrigster Stufe unterrühren. Die gewürfelte Birne zugeben und unter den Teig heben.

Den Teig in die Springform geben und glatt streichen. Die geviertelten Birnen mit den Einschnitten nach oben auf dem Teig verteilen und 50 g gehackte Haselnüsse darüber streuen. Den Kuchen auf mittlerer Schiene etwa 30 Min. backen.

Den fertigen Kuchen in der Form etwas abkühlen lassen, herauslösen und auf einem Kuchengitter erkalten lassen.

Honig-Portweinfeigen auf Orangen-Joghurt

Zutaten für **4 Portionen**
Zubereitung ca. **20 Minuten**

Pro Portion ca. 359 kcal, 17,0 g Fett,
32,8 g Kohlenhydrate, 18,0 g Eiweiß, 3,9 g Ballaststoffe

- 2 EL GEFRO Honig Wald & Blüte
- 8 Feigen
- 200 ml Portwein
- 2 Scheiben Zitrone
- 1 Gewürznelke
- ½ Zimtstange
- 2 Orangen
- 1 EL brauner Zucker
- 1 EL Orangenlikör
- 300 g Joghurt, 10% Fett

Die Stiele der 8 Feigen entfernen und diese von oben kreuzweise etwa 2 cm tief einschneiden.

2 EL GEFRO Honig Wald & Blüte in einen flachen Topf geben und erhitzen, bis er Blasen wirft. Mit 200 ml Portwein ablöschen. 2 Zitronenscheiben sowie 1 Gewürznelke und ½ Zimtstange in den Topf geben. Alles etwa 5 Min. einkochen und vom Herd nehmen.

Die Feigen in den Topf geben, mit dem Portweinsud begießen und darin marinieren.

2 Orangen schälen, die weiße Haut entfernen und in Filets teilen. Die Filets in Stücke schneiden, in eine Schüssel geben und mit 1 EL braunen Zucker sowie 1 EL Orangenlikör marinieren. 300 g Joghurt (10% Fett) unter die marinierten Orangen mischen.

Den Orangenjoghurt auf Schälchen oder Tellern verteilen und jeweils zwei Feigen darauf setzen. Mit dem Portweinsud beträufeln.

Honig-Chilimuffins

Zutaten für **4 Portionen**
Zubereitung ca. **35 Minuten**

Pro Portion ca. 676 kcal, 37,5 g Fett,
70,0 g Kohlenhydrate, 14,7 g Eiweiß, 3,5 g Ballaststoffe

- 3 EL GEFRO Honig Wald & Blüte
- 350 g Mehl, Type 405
- 11/2 TL Backpulver
- 2 TL Salz
- 250 g Schmand
- 70 g weiche Butter
- 2 Eier, Größe M
- 1 rote Chilischote

Das Mehl mit dem Backpulver und dem Salz vermengen. Die Mehlmischung mit dem Schmand verrühren. Die Butter schmelzen und unter den Teig rühren. Die Eier kräftig unterschlagen. Den GEFRO Honig Wald & Blüte mit dem Teig verrühren.

Die Chilischote der Länge nach halbieren, entkernen, in sehr feine Würfel schneiden und unter den Teig mengen. Ein Muffin-Backblech mit Muffin-Förmchen auskleiden. Die Muffin-Förmchen zu ¾ mit dem Teig füllen und bei 200 °C etwa 20 Minuten backen.

TIPP: Geben Sie den Muffins eine besondere Note mit den GEFRO Würzmischungen.

Register nach Menüfolge

Vorspeisen und Salate

Suppen und Eintöpfe

Fleisch

Geflügel

Geflügel

Fisch und Meeresfrüchte

Vegetarische Hauptgerichte

Vegetarische Hauptgerichte

Dessert

GEFRO Suppe und Universalgewürz

Als Gemüsebrühe eine wunderbare Basis für alle Suppen und Eintöpfe. Als Universalgewürz perfekt für den herzhaft-pikanten Geschmack bei allen würzigen Gerichten. Hebt den natürlichen Eigengeschmack ohne ihn zu überdecken!

Gourmet Gemüse Cremesuppe

Brokkoli, Karotten, Blumenkohl, Erbsen, Zwiebeln, Kartoffeln, Sellerie, Lauch – fantastische 45 % Gemüseanteil werden schonend verarbeitet und sorgen für einen unvergleichlichen Geschmack.

Gourmet Lauch Cremesuppe

Kaum zu glauben, dass in dieser Suppe keine Sahne ist! Genießen Sie, Löffel für Löffel, das cremig volle Lauch-Aroma bei nur 1,9 g Fett je 100 ml!

Gourmet Kürbis Cremesuppe

Eines unserer ganz persönlichen Lieblingsrezepte: Aus besten Speisekürbissen, Karotten und Zucchini. Für die Extra- Portion Vitamine und extra viel Geschmack!

Herzhafte Kartoffelsuppe

Herrlich herzhaft wie aus Omas Zeiten! Vielseitig variierbar. Ideal auch zum Binden von Eintöpfen, Linsengerichten und Gemüsesuppen. Probieren Sie's aus!

Allgäuer Gerstel Suppe

Eine echte Spezialität aus unserer Heimat, die Sie unbedingt einmal probieren sollten. Die Zutaten sind handverlesen: Ausgesuchte Kräuter wie Liebstöckel, Kerbel und Petersilie – das schmeckt!

Edelpilz Cremesuppe

Würzige Mischpilze, edle Steinpilze und feine Champignons geben dieser Suppe jetzt noch mehr Aroma und noch mehr Geschmack, bei noch weniger Kalorien.

Sauce Bolognese, vegan mit Soja

Unsere neue, vegane Sauce Bolognese ist eine geschmackliche Sensation! Anstelle von Fleisch verwenden wir Sojagranulat. Aber Sie werden es nicht schmecken. Probieren Sie es selbst… am besten gleich gemeinsam mit Ihren Freunden!

Tomatensoße und -Suppe

Die geheime GEFRO Kräuter- und Gewürzmischung macht diese fruchtig-frische Tomatensoße & -Suppe zu einem kulinarischen Erlebnis erster Klasse.

Soße zu Braten

Als eigenständige, kräftige, dunkle Soße oder zum einfachen Abschmecken, Verlängern und Binden Ihrer eigenen Soßen.

Helle Soße

Perfekt zu Fisch, zartem Fleisch, feinem Gemüse und Nudeln! Gelingt immer und ist kinderleicht zu verfeinern.

Jägersoße

Kräftige, dunkle Soße, mit delikatem Pilzgeschmack. Ideal für raffinierte Wildgerichte, deftige Braten, herzhafte Knödel, schwäbische Spätzle, Kartoffeln oder Reis.

weitere Produkte ▶

Gewürz-Pfeffer

Pikante Pfefferzubereitung. Ideal für gegrilltes Fleisch, Suppen, Soßen, Dips sowie Fisch und Geflügel.

Kräuterwürze

Für alle, die den Geschmack und das Aroma frischer Kräuter zu schätzen wissen und stets griffbereit haben möchten. Dieser „Kräutergarten" ist das ganze Jahr für Sie verfügbar!

Fleischwürze

Mit 16 ausgewählten Kräutern und Gewürzen verhilft dieser "Gewürz-Express" allen Fleischgerichten, ob gegrillt, gebraten oder gebacken, zu einem grandiosen Auftritt. Auch zum Verfeinern von Soßen und Beilagen.

Salatwürze

Das richtige Dressing spielt bei Salaten eine Hauptrolle. Mit der GEFRO Salatwürze gelingt Ihnen genau das - immer schnell und perfekt. Nur noch Essig, Öl und Wasser dazu – fertig!!

Diätwürze

Mit GEFRO Diätwürze und Diätsuppe, als Alternative zu Salz, reduzieren Sie Ihren Kochsalzverbrauch ohne dabei auf guten Geschmack verzichten zu müssen. Probieren Sie's aus, Ihrer Gesundheit zuliebe!

BIO Klare Brühe

Für die feine, schnelle Küche. Als Klare Brühe für Suppendrinks, Eintöpfe und gebundene Suppen.

BIO Sauce Hollandaise

Der Saucen-Klassiker in BIO-Qualität.
Ideal zu Gemüse wie Spargel, Blumenkohl, Brokkoli oder zu Fisch, Kurzgebratenem mit Kartoffeln oder Reis. Frisch dazu: 33 g Butter pro Portion – fertig.

BIO Dunkle Soße

Zum Verlängern, Binden und Würzen. Vollendet den kräftigen Geschmack von Braten. Und gelingt immer!

BIO Helle Soße

Zu leichten Gemüsegerichten, Fisch, Rind-, Kalbfleisch und Fleischklopsen. Auch für die schnelle Zubereitung von Lasagne und Aufläufen.

BIO Tomatensoße und -Suppe

Einfach köstlich der natürlich fruchtige Tomatengeschmack, ohne Zusatzstoffe. Ob als leckere Soße oder als eigenständige Suppe!

BIO Kräuterwürze

Verfeinern Sie Salate, Rohkost, Gemüse, Eier, Kräuterquark und Dips, Fleisch oder Fisch im Nu!
Ideal auch für alle Nudelgerichte.

BIO Würzmischung „Bella Italia"

Ideal für Pasta, als Pizzagewürz, für würzige Lasagne, Aufläufe, Tomaten und Mozzarella, Salate und Dips.

weitere Produkte ▶

BIO Würzmischung „Indisch Curry“

Typisch indische Gewürze wie Ingwer, Cumin und Koriander, perfekt abgerundet durch Kokusnuss.

BIO Würzmischung „Africa Style“

Für raffinierte Fleisch- und Reisgerichte, zum Abschmecken von Couscous und Gemüse, für Dips und vieles Andere.

BIO Würzmischung „Mexico Chili“

Für herzhafte Fleischgerichte, Eintöpfe, Gemüseaufläufe und feuriges Chili con Carne.

Natives Olivenöl Extra

Das GEFRO Native Olivenöl Extra aus frisch geernteten, reifen Früchten eignet sich mit seinem mildfruchtigen Aroma vor allem für Gemüse, Antipasti, Fisch-, Nudel- und Fleischgerichte sowie Salate, Dips und Kräutersoßen.

Omega-3-Speiseöl

Besonders wertvoll durch hohen Gehalt an mehrfach ungesättigten Omega-3-Fettsäuren und Vitamin E!

100 % Pflanzenfett

In der gesundheitsorientierten Küche darf das GEFRO 100% Pflanzenfett nicht fehlen. Dank eines hohen Anteils an einfach und mehrfach ungesättigten Fettsäuren auch gut geeignet für eine cholesterinbewusste Ernährung.

Pikante Pfanne

Lust auf saftige Burger? Ein veganes »Pfeffersteak«, »Schnitzel« mexikanisch oder Korn- & Lauch-Bratlinge? Einfach anrühren, kurz quellen lassen und ab in die Pfanne. Außen goldgelb knusprig, innen saftig – so schmecken sie am besten.

Süßmolken-Pulver

Unterstützen Sie Ihre Verdauung und fördern Sie Ihr Wohlbefinden. Das Süßmolken-Pulver von GEFRO ist mit gerade einmal 0,1g Fett / 100ml der ideale Powerbringer, egal ob als Drink pur, in Müsli oder Joghurt eingerührt.

Honig Wald + Blüte

Auf die Mischung kommts an – im Fall des GEFRO Honigs ist es der Mix aus würzigem Wald- und mild-süßem Blütenhonig, der den aromatischen Geschmack ausmacht. Ein Genuss, ob auf dem Frühstücksbrot oder als Süße im Tee.

Brotaufstriche

Ob „herzhaft-pikant" oder „Tomate-Paprika", der vegetarische GEFRO Brotaufstrich in zwei leckeren Sorten macht jedes Brot zum Geschmackserlebnis.

Vollkornnudeln in acht Sorten

GEFRO bietet eine leckere Auswahl feiner Vollkornnudeln. Aus Leidenschaft und besten Zutaten. Mit festem Teig aus wertvollem Hartweizen-, oder Dinkelgrieß, mit Wasser – ohne Ei und ohne Salz. GEFRO Vollkornnudeln enthalten wertvolle Vitamine, Mineralien und Ballaststoffe.

GEFRO®

Ausführliche Beschreibungen, Zutatenlisten, Nährwertangaben zu den GEFRO-Produkten finden Sie unter **www.gefro.de**

oder im aktuellen GEFRO-Katalog. Einfach kostenlos anfordern:
GEFRO Reformversand
Wernher-von-Braun-Straße 21
87700 Memmingen

Einfach besser kochen

HERAUSGEBER
GEFRO Reformversand Frommlet KG,
Wernher-von-Braun-Straße 21, 87700 Memmingen / Allgäu,
Telefon 08331/95950, Fax 08331/959517,
info@gefro.de, www.gefro.de

REZEPTAUSWAHL, VORWORT Dr. rer. nat. Rita Hein
FOOD FOTOGRAFIE Michael Brauner
REZEPTENTWICKLUNG, FOOD-DESIGN Guido Gravelius

PRODUKTION Krempel & Putz Werbeagentur GmbH, Neu-Ulm
TEXTE KAPITELAUFMACHER,
REZEPT-REDAKTION Silvia Krempel
ART DIRECTION Andreas Krempel
LAYOUT Simone Gruschka
STOCKFOTOS thinkstock

DRUCKPRODUKTION Kösel GmbH & Co. KG, Altusried-Krugzell

© 2012 GEFRO Reformversand
Die Verwendung der Texte und Bilder, auch auszugsweise, ist ohne Zustimmung des Herausgebers urheberrechtswidrig und strafbar. Dies gilt auch für Vervielfältigungen, Übersetzungen, Mikroverfilmungen und die Verarbeitung in elektronischen Systemen.

ISBN 978-3-9815283-0-5
1. Auflage 2012